读高中时，我几乎课下不学习。尽管如此，我还是以全班第二名的成绩毕业了。读大学时，大考之前我一般学习不到两个小时。不过，四年来，我的GPA总在A和A+之间。

——斯科特·扬

1

如果只用一种方式了解某样事物，你就不会真正了解它。了解事物真正含义的秘密取决于如何将其与我们所了解的其他事物相联系。通过联系，你可将想法内化于心，从各种角度看问题，直至找到适合自己的方法。这才是思考的真谛！

——马文·明斯基
博学家、认知科学家
人工智能研究者

Learn More
Study Less

如何高效学习

[加] 斯科特·扬（Scott Young）◎著　　程冕◎译

机械工业出版社
CHINA MACHINE PRESS

图书在版编目（CIP）数据

如何高效学习／（加）扬（Young, S.）著；程冕译．—北京：机械工业出版社，2013.11
（2025.8 重印）

书名原文：Learn More, Study Less!

ISBN 978-7-111-44400-8

I. 如… II. ①扬… ②程… III. 学习效率—研究 IV. G442

中国版本图书馆 CIP 数据核字（2013）第 244866 号

版权所有·侵权必究
封底无防伪标均为盗版

北京市版权局著作权合同登记　图字：01-2013-3232 号。

Scott Young. Learn More, Study Less!.

Copyright © 2010 by Scott Young.

This translation published under license.

Simplified Chinese Translation Copyright © 2014 by China Machine Press.

No part of this book may be reproduced or transmitted in any form or by any means, electronic or mechanical, including photocopying, recording or any information storage and retrieval system, without permission, in writing, from the publisher.

All rights reserved.

本书中文简体字版由 Scott Young 授权机械工业出版社在全球独家出版发行。未经出版者书面许可，不得以任何方式抄袭、复制或节录本书中的任何部分。

本书介绍的这种学习技巧，可以让你在有限的时间内掌握更多的信息。本书通过对整体性学习策略的介绍，帮助学生自学知识且达到应用水平。不管你是想考高分，还是想真正学会一门技术，或者是增加一些谈资，整体性学习策略都可以帮你达成心愿。

机械工业出版社（北京市西城区百万庄大街 22 号）　　邮政编码　100037）
责任编辑：岳晓月　　版式设计：刘永青
北京联兴盛业印刷股份有限公司印刷
2025 年 8 月第 1 版第 43 次印刷
147mm×210mm·6.375 印张
标准书号：ISBN 978-7-111-44400-8
定　　价：59.00 元

客服电话：（010）88361066　68326294

1977年年底到1978年年初，中国科技大学创办少年班时，我在校长办公室担任秘书，有机会直接参与了少年班的创建过程。35年来，我一直致力于少年班研究。我曾经用"自觉、自学"这4个字来描述少年大学生超常发展的原因。也就是说，少年班学生都具有超强的自学能力。无独有偶，这本书所介绍的"整体性学习策略"正与少年大学生的自学能力相吻合。显然，这不是偶然的巧合，而是一种内在规律的反映。我想，本书介绍的学习方法，如果你去尝试，一定会带给你意外的惊喜。

——司有和
中国科技大学少年班资深研究者

本书介绍的整体性学习策略很具有操作性，可以避免学生在学习中陷入"只见树木，不见森林"的误区，建议同学们尽早掌握这种学习方法，有效地提高学习效率。

——孙鹤娟
吉林省总督学
前东北师大附中校长

学习是需要方法的，特别是在当今信息爆炸的时代，如何高效地处理信息、有机地整合知识、充分地运用所学，已经成为学习的关键。本书从一位"学习大师"的亲身体验出发，总结出"整体性学习"的策略及方法，同时，配合作者实际运用的各类学习工具，切实帮助读者逐步练就高效的"学习方法与学习习惯"。方法决定一切，你一定可以从中有所受益。

——汤震宇
美国特许金融分析师（CFA）培训第一人

中国大学生读书特点是上课随便听、考前疯狂记、半年忘光光。这是一种碎片化知识点学习，我同意这本书的整体性学习方法，掌握系统思考的模式你可以花费更少时间学到更多，但是你得先花点时间掌握整体性学习思维。

——秋叶
PPT学习达人

目录

中文版序

译者序

导读

前言

我的故事 1

如何使用本书 5

第一部分

7 —— **整体性学习策略**

什么是整体性学习 8

结构 13

模型 17

高速公路 21

熟悉的结构（成熟结构） 23

整体性学习的顺序 27

获取阶段 30

理解阶段 32

拓展阶段　34

　　　纠错阶段　38

　　　应用阶段　40

　　　测试阶段　42

　　　找出薄弱环节　44

信息结构　50

　　　随意信息　51

　　　观点信息　53

　　　过程信息　54

　　　具体信息　56

　　　抽象信息　57

　　　如何使用五种信息类型　59

为什么你的课程枯燥乏味　61

学习的目标　63

第二部分

67 —— 整体性学习技术

　　　整体性学习技术　68

　　　　技术一览　69

获取知识　71

　　　　快速阅读　71

　　　　笔记流　77

联系观点　84

　　　　比喻　86

　　　　内在化　92

　　　　图表法　98

随意信息的处理　104

　　　　联想法　106

　　　　挂钩法　113

　　　　信息压缩技术　118

知识的延伸　123

　　　　实际应用　123

　　　　模型纠错　126

　　　　以项目为基础的学习　128

整体性学习技术的实际运用——费曼技巧　132

整体性学习技术的回顾　138

第三部分

141 ⸺ **超越整体性学习**

高效率的学生 142

高效率秘籍1 能量管理 144

高效率秘籍2 不要"学习"（Don't study） 147

高效率秘籍3 绝不拖延 149

高效率秘籍4 批处理 151

高效率秘籍5 有组织 153

自我教育 155

建立良好的学习习惯 156

克服挫折障碍 159

设置学习目标 160

自我教育小结 163

第四部分

165 ⸺ **整体性学习的小结**

主要概念的小结 172

技术一览 174

特别感谢 179

中文版序

  本书是从我写的一篇随笔开始的，随笔的内容是我对偶然观察到的一个学习现象的细致阐述，那就是学得好的同学总在试图找寻知识间的关联，而学得慢的同学却往往只会死记硬背。

  当我第一次发布这篇随笔时，引起了强烈的反响。回复中有一半的同学认同这一观点——你当然要找到知识间的关联，并把它们变成自己的观点。而另外一半的回复则表示困惑，让他们觉得不可思议的是，居然从来没有人告诉过他们这种学习方法。

  这件事让我觉得非常有趣，也非常困惑。为何对一部分同学显而易见的事，对另一部分同学而言却是不可思议的？如果半数的学生都不知道还有这样的学习方法，我们应该怎么帮助他们改进呢？

  从那时起，我就开始研究如何高效学习。这本书是对我自己学习经历和他人学习案例研究的总结概述，主旨还是相同的：我认为学会把知识联系起来会让你记得更多，学得更好。当然，在如何建立联系上，你一定会有非常个性化的方法。

在我完成这本书的几年之后，它将要和中国的读者见面了。这件事让我觉得新奇，因为我完全不了解中国的教育体系，我的理解是中国教育比西方教育更强调死记硬背。如果我的理解是对的，那么我的整体性学习法会对中国学生的学习产生深刻的影响。

我希望你能因为这本书而不再死记硬背，读完它不是结束，而是你应用新方法指导学习的开始。可能你会觉得这本书里不是每个方法都那么有效，这是很正常的，学习本来就必须因材施教，因"课程"施教。但是如果你肯实践，我担保至少会有一种技巧能帮你学得更快，学得更好。

译者序

说一个人"学得少",是说这个人学习时间花得少;"会得多"是指学习的效果好;综合起来就是花最少的学习时间,得到最大的学习效果,这是任何一种学习方法都追求的最高境界,也是每一个学习者的终极梦想。

整体性学习是加拿大大学生斯科特·扬总结的一套学习理论,它没有学习心理学中各种流派传承的影子,但是这并不妨碍理论的高效性,它来自作者及一批追随者的亲身学习实践。斯科特·扬算是一个学习达人,他在大学的专业是商业学,业余时间又自学了编程,参加各种演讲,开设自己的博客,写了几本颇有影响的电子书。这还没完,最近,他又完成了一项学习壮举,10天拿下线性代数,12个月内自学完成4年麻省理工学院计算机科学的33门课程,网友纷纷惊呼,斯科特·扬到底有什么学习诀窍?斯科特·扬并不保守,他的学习方法就是整体性学习理论,早已经写在这本书中了。

整体性学习到底要怎样学习？简单地说，整体性学习就是看待知识的角度是多方面的。任何一门知识都不会单独存在，它总是与方方面面的知识联系在一起，这个观点并不新鲜，很多学习方法都是这么说的。不过，整体性学习在这方面走得更远，它让你在学习导数时，想到的不是公式，而是汽车的速度表和里程表；在学习公司管理时，想到的是达尔文的生物进化论。

要想走得更远，你就需要从学科内部跳出来，站在外面看学科。有人问爱因斯坦："相对论到底是什么？"爱因斯坦回答："你坐在美女身边一小时，感觉就像一分钟，而夏天你在火炉旁坐上一分钟，感觉就像一小时，这就是相对论！"数学家华罗庚讲统筹方法时，没有说一堆数学符号，而是用了一个"怎样泡茶最省时间"的例子，工人一听就明白了。

大家觉得如何？站在外面看，知识是不是变得容易理解和学习了！其实我们每个人早就掌握了站在外面看知识的本领，这就是比喻。过去，我们轻视比喻，仅仅把它当作文学中的修辞手段，是文学家用来增强表达效果的点缀和修饰。1980年，认知语言学家乔治·莱考夫（George Lakoff）与马克·约翰逊（Mark Johnson）合著的《我们赖以生存的隐喻》（*Metaphors We Live By*）

一书吹响了隐喻（比喻）的号角，掀起了一场"隐喻革命"或"隐喻狂热"。比喻从此走向了逻辑学、语言学、心理学和哲学的舞台中央，比喻不再局限于文学领域，它是我们的思维方式，更是我们的认知工具。莱考夫把隐喻定义为"以一种事物认知另一种事物"，而这恰恰就是学习的本质！

比喻作为帮助人们理解的工具，由来已久。

耶稣解释"天国"：天国就像酵母，妇人拿了它放入玉米粉，直到全部发酵完毕……天国就像寻求珍珠的商人……天国就像抛入大海中的网……

佛要说六相，就先在大众前把华巾次第绾叠，一共打了六个死结。佛告诉阿难：这个华巾本来只有一条，因为我绾了六次，就说他是六个结。六结虽然不同，回顾它的本因，却是一条华巾所造。现在你的六根也是这样的，没有打结之前，一相都不可得，哪里会有六处呢？等到从真起妄产生根结后，六相开始分明，并且次序严谨。

比喻就像金·凯瑞拥有了上帝的力量，将月亮（陌生）拉得靠近自己（熟悉），使学习者能更清楚地观察陌生的知识。科学家哈定曾说："如果科学家一生注意细微的观察，训练自己注意寻求类比，使自己具备有关的知识，那么这个'感觉工具'就将成为神通广大的仙杖。"开普勒说："我重视类比胜于任何别的东西，它是我最可信赖的老师，它能揭示自然界的秘密。"康德曾说："每当理智缺乏可靠的论证思路时，类比这个方法往往能指引我们前进。"苏联学者瓦赫罗夫说："类比像闪电一样，可以照亮学生所学学科的黑暗角落。"

斯科特·扬不仅是比喻和类比的高手，而且善于吸收其他各种学习方法的可取之处，他创造性地将信息分为五种类型，针对不同的信息类型，采取不同的学习策略。整体性学习理论更是站在学习之外看待学习，在第三部分，作者以"超越整体性学习"为题，介绍了每一位学习者都不可忽视的几个关键之处，即"能量管理"、"时间控制"、"习惯养成"、"批处理"和"自我教育"，让读者耳目一新，真正做到站在学习之外审视学习。读完这本书，学习者应该由学习战术家转变为学习战略家。

本书得以出版，离不开机械工业出版社的慧眼。感谢编辑及其他工作人员的精心策划和反复审校，为本书顺利出版付出了宝贵的时间和精力。感谢我的妻子和女儿，没有你们的支持和鼓励，我大概早就半途而废，难以实现医者到译者的转变。最后，由于译者水平有限，翻译经验欠缺，虽经多次修改，仍然存在很多疏漏甚至误译之处，恳请读者不吝批评指正（crowncheng@163.com）。

程冕

导读

吃饭模型学习法

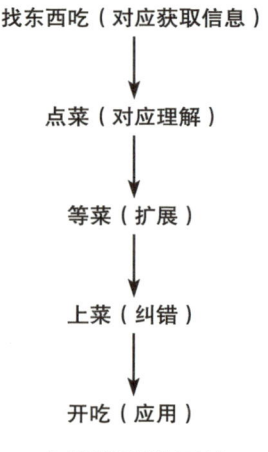

吃饭模型学习法

目前市面上的记忆法的书非常多，也很杂。教的技巧非常多，但是一直很难将知识与技巧使用结合起来，更多的是走马观花式的学习，就像武侠小说里面的什么什么剑法，花样繁多，却砍不死人，干着急。之所以推崇这本书，是因为它是一本内功心法"易筋经"，当你掌握了内功心法，柳枝亦可伤人。

根据这本书的学习理论,我总结出吃饭模型学习法,仅供大家参考。

第一步:找东西吃(对应获取信息)

有点饿了,去饭店吃饭。[要学习!要进步!]

①到哪家饭店吃好呢?[寻找信息]

②我市、区或小区等最好的饭店在哪里?[保证有足够的信息量可以筛选]

③查口碑网看看或者跟熟人打听一下。[速度!在饿坏前迅速找到想去的饭店]

第二步:点菜(对应理解)

终于找到饭店了,刚坐下,服务员过来递上菜单:"先生想吃点什么?"

①看菜谱上什么样的菜比较合胃口?[理解信息的背景]

②什么样的菜比较有营养?[理解信息的准确含义]

③想喝啤酒的话就不能点海鲜?[了解信息之间的关联]

第三步:等菜(对应扩展)

服务员下单去了。你坐在餐桌前做点什么好呢?[发散思维阶段]

①小鸡为什么一定要炖蘑菇呢?为什么不能炖白菜呢?为

什么不能跟王八炖？这菜是怎么种出来的？有什么营养成分？菜谱为什么这么搭配？谁最先发明的小鸡炖蘑菇？难道是赵本山？嘿嘿……[深度拓展，知识背景探究，多问为什么]

②这道菜的做法还有哪些啊？土豆炖排骨？菜的花样？满汉全席？[横向拓展，即类似的知识联系，与其类似的结论还有哪些？]

③吃会不会导致朝代更替？吃在中华五千年文明中所承载的文化？[比喻法＋内在化，这篇文章就是运用的比喻法来解释]

第四步：上菜（对应纠错）

服务员上了一盘菜——水煮肉片。"美女，我要的是小鸡炖蘑菇！""不好意思，上错了。"[明白模型的局限性，及时纠错]

第五步：开吃（对应应用）

"哇，色香味俱全！"开始大口吃肉，大碗喝酒，解决温饱问题……[在现实中对信息进行应用]

第六步：服务员（对应测试）

从进入饭店开始到结账，服务员一直在默默地注视着你，随时提供服务。

①找东西吃。

②点菜时,"先生,我们店的鱼很新鲜的。"对菜来说新鲜的食材很重要。[我真的理解知识的重要性?]

③拓展,"先生,我们是某某连锁的。"连锁性饭店将地理位置的点用品牌连接起来。[知道知识从何而来,与哪些知识有关系?]

④应用,"先生,吃好了没?"[我是否将知识用到了实际生活中?]

注意:本书的五个步骤实际上是相互交织的,可以跳跃、往返,比如,参加宴会,你就跳过了找饭店和点菜的阶段,甚至是上菜的阶段,开吃就好了。

其主旨在于打通现在所谓的专业壁垒。目前流行所谓的知识专业性,当然我并不否认,但是知识本身是没有疆界的,如何通过自身的努力和创造性将各种专业知识有机地融合在一起,然后创造性地解决问题才是关键。

李撒欢

前言

是什么让一个人更聪明

是天资聪颖,还是后天知识的积累?或者仅仅是大学的教育起作用,还是也包括人生的各种经验、技能和直觉在内?

智力其实很难定义。尽管IQ测试和各种各样的检查都试图量化它,但还是很难判断究竟是什么使人更聪明。相比之下,我更喜欢以下这个具有实际操作价值的定义,而非那种泛泛之谈:

所谓的聪明是指能学得更快、记得更多更牢,而且信息的组织非常适合完成自己的目标。这是一个非常个性化的定义。首先学习的目的可能因人而异:你可能仅仅是希望考试得到好成绩;约翰想通过努力学习成为一名编程专家;苏珊希望尽可能多地记住闲暇时读书的内容;还有人目的很明确,就是为了更好地完成工作。

怎样算作聪明完全取决于你自己怎么看

本书并不是为了给智力下武断的定义,而是为了教会你学习的策略。这个学习策略就是整体性学习,我会介绍很多办法,教会你在实践中应用整体性学习方法。

也许某些方法并不适合你的学习方式或是学习目的。没关系，我只是提供方法供你参考，它们都是依据整体性学习理论而设计的，你可以灵活运用它们，组合成适合自己的方法。通过不断地实践、练习，最终成为你学习中的超级武器。

本书有两个主要目标。第一是整体性学习策略为你提供一个如何学得更好的模型。如果没有容易理解的学习理论，怎么可能取得进步？通过对照整体性学习策略，你会找出学习上的缺陷，改正学习方法。

第二个目标是提供一系列学习技术。我会解释这些学习技术怎么做，它们在整体性学习中起什么作用。每介绍一种学习技术，都会有相应的练习供大家反复实践，直至熟练掌握。

衷心希望大家在学习上付出的努力都能有所收获，预祝大家阅读愉快，有所获益。

斯科特·扬

我的故事

一直以来，我学东西都很快。中学期间，我考试前很少复习，却能考得很好。到了大学，我的成绩也总是名列前茅。不过，我并不是那种埋头苦读，争分夺秒的学生。实际上，我花在功课上的时间比一般人更少。

有一次，我参加化学竞赛。事先我不知道要竞赛，老师直到临考前才通知，而考试的内容又是我不熟悉的，课堂上根本没有学过，时间是一个半小时交卷，不过我只花了40分钟就离开了考场，因为我想及时赶上吃中午饭。

结果怎样？我得了第一名以及400美元的支票。[一]

我主要靠自学。我自学了多种编程语言、商务知识和写作技巧，我的书架上放着最近两年里阅读的数百本图书。我还抽空学习了动漫设计、作曲等知识。

一句话，学习对我来说总是那么轻松。

[一] 你一定会问难道我是个天才？其实这正是我按照整体性学习策略学习的结果。读完本书，你也会取得同样的结果。

读及此时，你会说："这个人是个天才。""天才"也许比较合适，但很多人比我更有天赋。我只不过是有些好的遗传基因、有进取心的父母和些许天分罢了。

读及此时，你会认为我傲慢、自大。

若是从前，我同意你的看法。但是现在，我注意到自己和那些比我更聪明的人之间的区别，并不是聪明的人就一定学得快、学得好。

他们的学习方式不同！

聪明人在学习中都会逐渐形成自己的一套学习技巧，有些人有意识去应用，大多数人则是无意识地应用，不同的策略会导致不同的学习效果。

我把这些不同的策略综合在一起，形成了整体性学习（holistic learning）。之所以称为整体性学习，是因为它教你认识到学习不仅仅是记忆一些事实，记忆只是学习的一小部分，我们要全面地认识学习。高智商者并不认为学科之间的界限那么清晰，他们喜欢将知识视为整体，也容易将所学的知识与其他知识相联系。

通过整体性学习，聪明人能够很快地整合新知识。尤其重要的是，这样学到的知识很牢靠。他们是真正地"获得"

了知识，对知识的理解更为深远，而不仅限于书本所说。

有一个故事可以很好地说明上面的观点。

很久以前，有个学生物理课学得很好，一次考试，所有问题都答对了，只有一道题，老师给了很低的分数，这道题目是"怎样用一个气压计测量建筑物的高度？"

学生回答："去建筑物的顶上，将气压计扔下来并开始计时，直到听到砰的一声，再通过重力加速度公式计算出建筑物的高度。"

出题者的本意是希望学生利用所学的气压知识计算建筑物的高度，因为从学生的答案中看不出来他懂得气压知识，所以老师没有给他高分。

学生找到老师，对低分表示异议。老师说，只要他能再想出不同的办法来解决这个问题，就给他高分。

学生稍稍思考就回答，可以用气压计敲开建筑物主人的门，当主人打

开门时，问他："请问，建筑物的高度是多少？"

老师沉默了一会，问："你还有其他办法吗？"学生说还有很多，比如：用一根长线绑着气压计，通过线的长度测量高度；或者将线当作钟摆，通过钟摆的运动来计算建筑物的高度，等等。

老师最终决定给予学生满分。故事中的学生就是年轻的尼尔斯·玻尔（Niels Bohr），后来成为著名的物理学家，因为发现了原子中的电子而闻名于世。

玻尔不仅知道怎样得到答案，而且对问题的观察更为全面，不局限于所学的某个知识，他可以多角度地看待问题。

整体性学习就是按照上面的过程来理解、学习所有的知识。

如何使用本书

不要指望一次读完本书就能成为学习超人，准确地说这是一本学习行动指南，在学习的过程中，需要不时翻阅。第一次阅读，可以大致了解整体性学习的概念，而书上介绍的学习技术则需要反复练习，方可达到熟能生巧、为我所用。指望看一遍书就能熟练运用这些学习技术，就如同从未拿过弓的人一次就想射中靶心。

这就是为什么本书有很多练习供大家反复实践，它们为你提供了用这些技术去解决问题的突破点。

一开始采用这些技术可能反而降低你的学习速度，这不奇怪。任何新事物都有一个适应期，例如长跑运动员为了提高成绩，学习某项新技术，一开始反而成绩会下降。学习也是如此，一旦你度过了适应期，学习效率将会突飞猛进。

整体性学习需要时时刻刻在学习中应用。用得越多，效果越好。

从现在开始，无论是拿起一本书，还是上一堂课，或是学习什么新东西，就开始用整体性学习策略指导自己的学习吧！

> 💡 **小贴士**
>
> 整体性学习包括很多新的概念和技术。如果你一次只学习一项技术会更好。在本书的后半部分，你会看到有很多"智力挑战"栏目，这些智力挑战的设立就是为了帮助你学会新的学习技术。

第一部分

整体性学习策略

什么是整体性学习

整体性学习与机械记忆正好相反。

机械记忆就是反复记忆信息,希望以此牢记信息。比如,不断地重复数十次来记忆一个物理公式就是机械记忆式学习,这是一种糟糕的学习方法。

如果读了上一节玻尔的故事,你可能会明白聪明的人是不会通过机械记忆来学习的。你会认为玻尔这名年轻物理系学生的脑袋中塞满了各种各样的公式吗?他能提出那么多独一无二的解决问题的办法,这恰是机械记忆的反例。玻尔知道公式中每个符号的真正含义,而不是死记符号、公式。他明白为什么这个符号会出现在公式某个地方,他深入了解规则,所以也能打破它。

整体性学习是一种学习理论,它更精确、全面地描述了我们大脑是如何工作的。各位,你的大脑并非简单如计算机的文档储存,计算机文档的本质是一系列记录在硬盘上的 0 和 1 的组合,而人的大脑是通过数十亿个神经元相互联系储存信息的。

如果我们有计算机一样的大脑,那么机械记忆非常有效。

你所要做的就是精确复制信息，如此我们将可以记住任何信息。不幸的是，我们的大脑并不是计算机，所以机械记忆是一种低效的学习方法。

整体性学习需要采取多种途径综合学习，而不是试图在大脑中复制一个完美的拷贝，整体性学习是运用你大脑里已有的丰富的神经元网络吸收、整合信息。整体性学习在于创造信息的网络，一个知识与另一个知识相互关联，那些相互关联的知识网络使你真正做到对知识的完全理解，从而轻松地驾驭知识。

整体性学习意味着知识的学习并不是孤立的。事实上，知识的学习从来就不是孤立的，学习任何知识（概念、定义、公式、问题、观念、理论等）都需要联系。你创造的联系越多，它们就会记得越牢、理解得越好。

机械记忆认为学习就像整理一个个大小不一的盒子。一个数学大盒子里装有代数、几何、微积分小盒子。微积分小盒子里又有更小的函数盒子和一些公式的应用盒子等。在你的微积分盒子里不可能找到生物、历史、绘画、舞蹈和科幻电影的踪迹。

但是学习并不是整理盒子，学习就像编织一张大网。

整体性学习者不会采取这样有组织的方法（整理盒子）储存信息（这可能会解释很多聪明的人组织能力却很差的现象）。整体性学习者可以将所有东西关联起来，公式并不仅仅是公式，它是一种感觉、一幅图像，你可以将它与天上飞行的超音速飞机联系在一起。

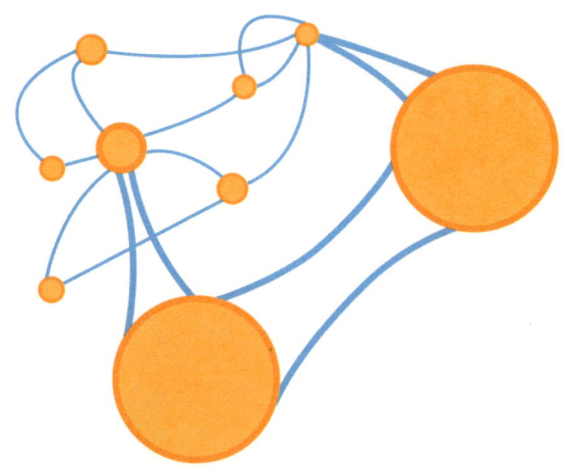

如果你学习时没有方法可供选择，机械记忆看起来也有些

作用。如果不知道学习的步骤和缺少完成这些步骤的学习技术时,那只有简单地把信息塞进脑袋里了。这就像一个原始人用石头而不是步枪来猎杀猛犸象,不是他愚蠢到不用步枪,而是他没有步枪。不过今天的你不是原始人,有枪而不用,偏偏只会用机械记忆学习,成绩怎么会好?学习怎能不累?当你理解了学习的步骤和技术时,就会明白机械记忆是多么原始和低效了。当然,万不得已时,有一种总比什么也没有强!

如何储存信息

整体性学习是关于如何有效学习的假说。之所以说它是假说,是因为目前整体性学习还缺少科学证据,更多的是实践总结。科学要发现学习的大脑生物机制还有漫长的路要走,整体性学习是通过观察聪明的人是如何学习而得到的总结。

电子是否真的像台球或小提琴琴弦一样在质子堆周围跳跃并不重要,这只是人们方便理解的一种比喻。同样,整体性学习也只是一种用来解释信息是如何被储存的理论,而不是描述脑袋里实际发生的生物学过程。

比喻法有很多种：有形态上的比喻，如姑娘的脸像红苹果；有感情上的比喻，比如我的热情好像沙漠；等等。

整体性学习基于三种主要观点：

（1）结构

（2）模型

（3）高速公路

正如我将会解释的一样，明白这三个基本观点使应用整体性学习策略更加容易。

> **小贴士**
>
> 整体性学习的基础就是将知识关联起来以达到记忆和应用知识的目的，开始学习的最佳技术是比喻、内在化、基于流程的记事和画图表法，这些方法构成了整体性学习的基础。

结 构

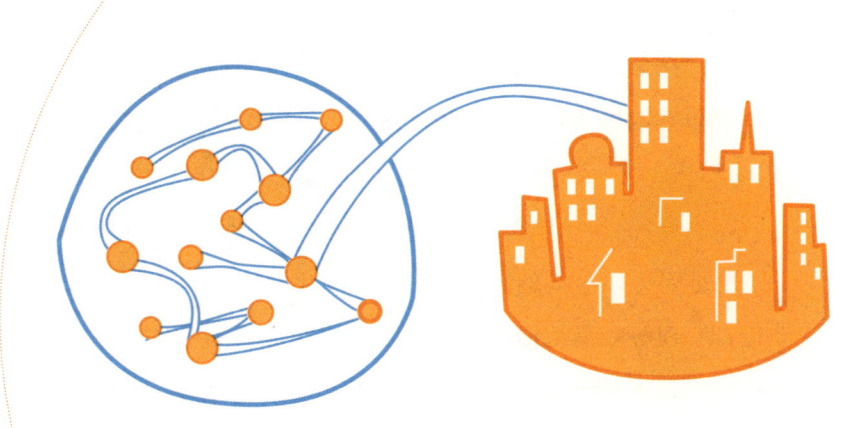

结构就是一系列紧密联系的知识。假如你打算学习 C++ 语言编程，你可能已经有了 C++ 语言的知识结构，这个知识结构包含你所知道的所有 C++ 语言知识，是有关 C++ 语言各种知识及其联系的总和。

结构就好像你思想中的一座城市，在城市中有很多建筑物，建筑物之间有道路相连，有些建筑高大而且重要，与城市中的其他建筑有上百条路相连，而其他一些无关紧要的建筑，则只有少数泥泞的小道与外界相通。

在你的知识地形图中，充满着这样的城市。关于基础数学和基础语言的城市可能是最庞大、最发达、最完善的城市（相当于北京、上海），所以不管是做 3+4-10 还是做 10×3+7 等这样的题目，你都游刃有余，这些问题之所以做起来容易正是因为你的基础数学知识结构非常发达。

理解就是结构高度发达完善的结果。

是不是有些学科你可以轻松"拿下"？你读起这些科目的书毫不费力、兴趣盎然，一切内容看起来那么浅显、通俗，原因何在？因为你的脑袋里已经有这些科目的发达知识结构。假如说结构就是脑袋里的城市的话，那么这些城市一定是道路四通八达、路面整洁而且交通井然有序，虽然车水马龙，却从不见交通堵塞。

相反，为什么有些学科理解起来那么困难呢？这说明城市简陋，道路不畅，甚至乱建一气，违章建筑、豆腐渣工程比比皆是，有些道路甚至无所指向。或是修了半截，或是孤零零一条，在这样的城市中行走，迷路是必然的。知识结构就是你脑袋中的参考地图。

那么请问大家：在一座城市里最容易找到的建筑是下面哪一种？

A）与很多建筑有数百条公路相连。

B）只与一座建筑有泥泞的小路相连。

很显然，A建筑更容易找到。如果先前走错了路，也没关系，条条道路通罗马，花很少的时间，你就会找到正确的地方。如果是B建筑，给你的机会就只有一次，一旦你走错了路，就别指望找到了，即使走对了路，也不免磕磕绊绊，花费大量的时间和精力。

建立良好的知识结构就是绘制一份优秀的地图，就是建造一座设计良好的城市。所以建立知识结构时，你的目标就是在各种知识之间建立尽可能多的联系，聪明的人会很自然地这么做，每学习一个新概念，都会自动地与其他知识相联系。

你可能一直也是这样学习的，不过因为不是有意识地这么做，效率可能大打折扣。整体性学习策略有很多具体的学习技术用于自觉地建立知识间的联系，一旦熟练掌握了这些学习技术，使之成为习惯，想不建立联系都困难，想学习不好都不行！

> **小贴士**
> 建立知识结构非一日之功，要知道并没有魔法技巧可以"立即"学好一门功课，强有力的结构来自概念之间不断的联系，一次完成一个想法，日积月累，水到渠成。

模　型

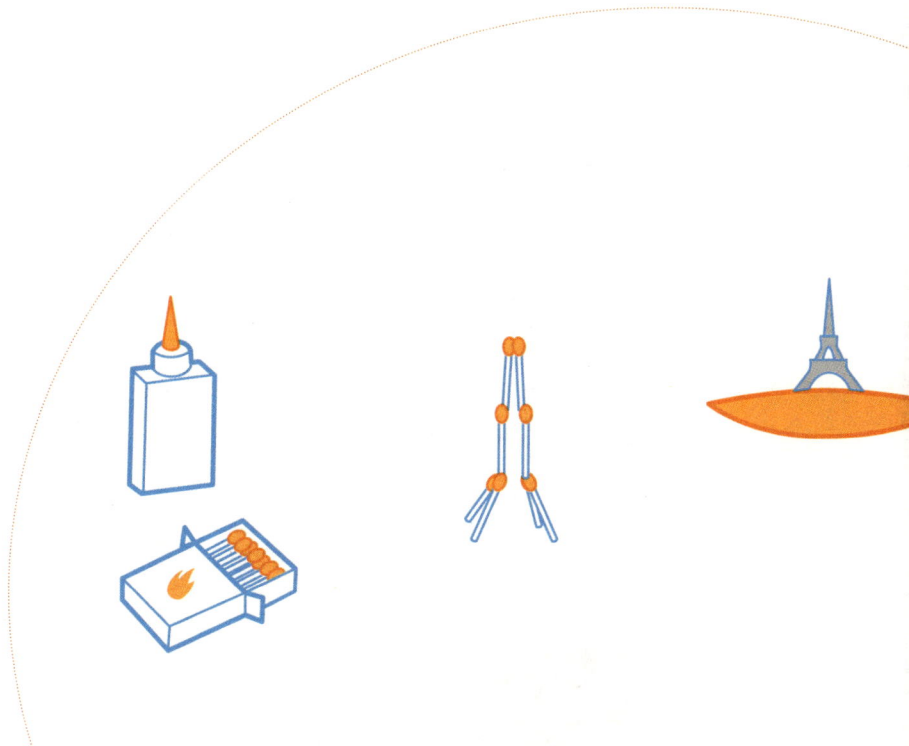

假如说结构是整体性学习的门户,那么模型就是开门的钥匙,模型是简化的结构,它是结构的快照,更为简单和更易储存。模型对于快速学习新概念至关重要。

要理解模型是什么,可以想想这本书,本书的模型就是目录,几页目录就概括了本书中数千字词,假如想快速了解本书的内容,你可以从目录开始,而不必逐字逐句地阅读整本书。模型有很多种形式,但是目标总是同样的:那就是压缩信息。通过将一些核心概念联系在一起,就可以创建一个模型。模型对于你开始构建一个结构或是在当前结构上添加内容非常重要。

当第一次学习子空间时,我创建了一个模型。子空间是一个数学概念或术语,它的定义是一个较大向量空间中的一部分。比如一个三维向量空间,子空间就可能是一个二维平面。

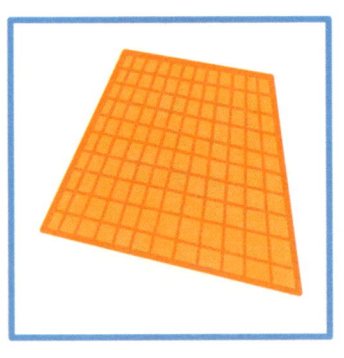

我设计的表示子空间的模型是一个闪闪发光、无穷大的蓝色背景,这是一个三维空间,我能看到在蓝色背景之上是红色半透明的网格,这就是我的子空间模型。这个模型仅仅代表了子空间的部分特点,子空

间也可能是一个平面中的一条线。模型并不需要非常精确，它只需要综合一些观念，使这些观念更易理解、把握。随着对子空间理解的增长，我也在逐渐调整之前的模型，创造出新的模型。一旦有了知识的结构，我就可以在此基础上理解和纠正错误了。

大家都知道，学习电脑编程时，程序语言经常遇到"变量"的概念，变量是用来储存信息的，并且在程序运行过程中会发生变化。姓名、数字或是密码都可以作为"变量"储存起来。我把变量想象成各种各样的罐子，如此一来概念就变得容易理解了。因为变量可以分为好多类型（有的用来储存数字，有的用来储存字母或者单词），我就想象不同的罐子有不同的瓶口，所以可以装不同类型的数据。

这个变量模型包含了几个关键的思想，可以用一张图（各种各样的罐子）或一个概念（罐子学说）来概括，这种知识的压缩（模型）好似一粒种子在脑海中生根发芽，新的知识将以此为基础进行联系和优化。

模型并不一定是一张图,但一定是一种压缩形式,它把多个关键思想压至一处。有很多产生和改进模型的方法,本书的后面将会讨论,视觉化只是其中的一个办法。

学习电脑编程中的函数时,我把函数的作用想象成铅笔刀,钝铅笔进去,锐利的铅笔出来,这个模型并不依赖于图像,而是其中的过程类似。

模型就像是结构的种子,是一座建筑的地基和框架,是知识最核心的概念,在此基础上将引伸出全部的知识。

高速公路

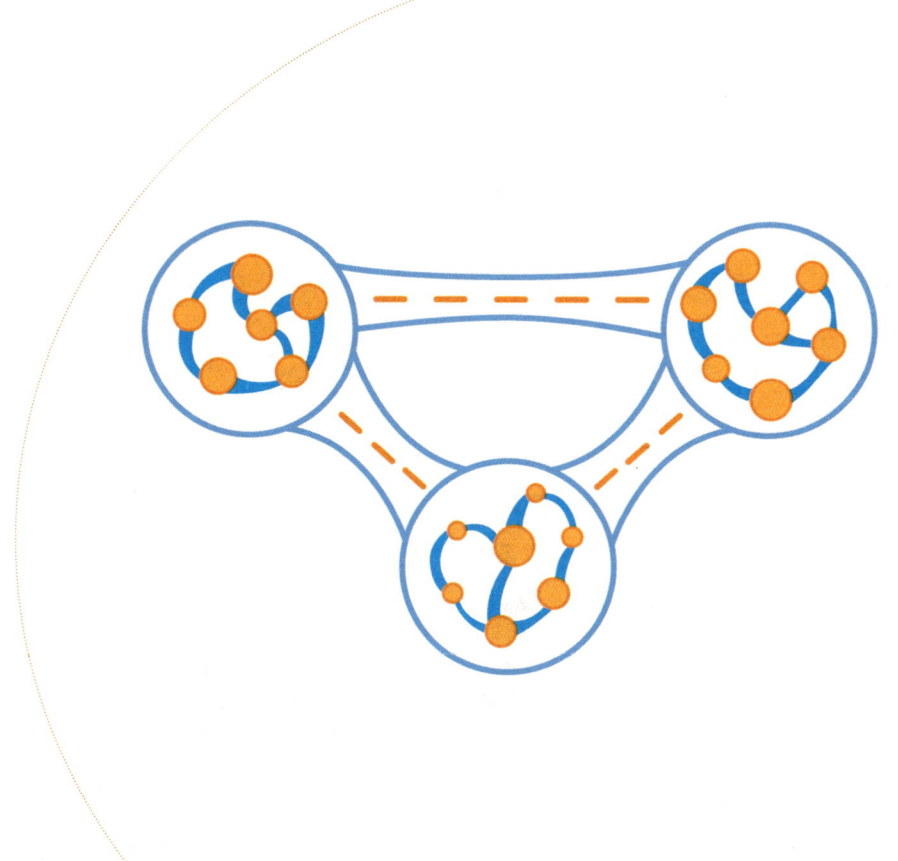

结构里有很多路将建筑连接在一起，拥有数百条城市内部的公路当然很有用，但是光有内部的路并不足以发挥具有整体性大脑的真实力量。因此，你需要增加的是城市之间的高速公路，即结构与结构之间的联系。⊖

高速公路作为参照物可以连接两个完全不同的观念。假如你正在阅读生物学课本，又与学过的商业发展史课程相比较、相联系，这就建立了高速公路⊜。

建立高速公路的好处不会马上显现出来。如果你想上学取得好成绩，很多老师会强调要有良好定义的结构，而不要在大脑里塞满了各种高速公路。

然而，高速公路能激发创造力。"跳出盒子"之外思考最恰当地描述了那些在结构之外思考的人们。高速公路让他们以前所未有的方式思考，以不曾想过的方式将常人眼里风马牛不相及的专业联系在一起思考，这就是创造。利用高速公路可以在专业交叉的领域建立起新的结构。⊜

⊖ 实际上就是用生活经验中的例子来模拟、比喻要学的知识。——译者注
⊜ 生活经验中的例子是最好的模型。因为它们太熟悉了，拿不成熟的东西当模型，效果也会大打折扣。除非你商业发展史学得非常好，否则还是想一些生活中的例子来比喻生物学吧！——译者注
⊜ 这种不同专业间的比喻好处是，它比用生活经验来比喻更容易产生新知识。——译者注

举个例子，我以前学习尼克罗·马基雅维利的《君主论》时，就曾使用过高速公路的方法。马基雅维利在《君主论》中讲述了关于君主如何统治一个国家、统治人民和征服其他国家的一些原理。而今，《君主论》被看作邪恶的天才或精神病患者的作品。

学习马基雅维利的观点时，我需要一个比较的对象。结果，我在马基雅维利的关于治理国家的观点和我个人关于友谊、社会地位和管理等方面的经验之间建立了高速公路。尽管他的观点有瑕疵，但是这种方法让我对马基雅维利的观点理解得更深刻、更独特，也更有实用价值。

高速公路使学习更富有弹性，而不是僵硬死板的学习。

熟悉的结构（成熟结构）

世界上有一些为多数人使用的成熟结构，这些成熟结构根深蒂固，它们是我们构建模型、通道和学习新科目的宝贵资源。很多结构你可能用过，下面介绍几个最典型的成熟结构。

感知结构

这是发展得最好的结构。你有大量的图像、声音和情感,这些感觉又互相交织,综合起来就构成了你的生活经验。感知结构是最基本的结构,是其他结构的基础。

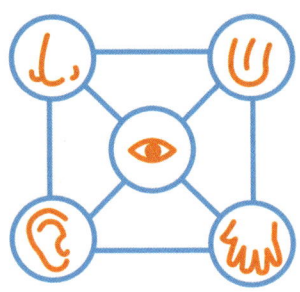

关系结构

通过故事、人物以及人物之间的相互作用可以清楚地显示我们的实际生活。假如说故事也会使学习更容易,你会惊讶吗?说卤化物比惰性气体少一个电子与说卤化物和惰性气体在元素周期表上是邻居,哪一个更吸引人,更有趣味?㊀

㊀ "邻居"不也是生活中的例子吗?哪一种生活经验不含有关系呢?因此,熟悉的结构只有一种,那就是个人生活经验。比较熟悉的结构则是你学得比较好的科目。——译者注

基础数学结构

由于每个人的数学背景不同,基础数学对有些人来说意味着普通的几何代数。而对有的人来说,微积分也是小菜一碟。基础数学结构可以作为建立更深层次数学结构的基础,也可以用它来简化其他学科里的各种关系。㊀

如果有人问我有什么学习技巧的话,我会首先推荐上述这些成熟的结构,它们是模拟其他知识的最丰富、最好的来源,因为这些东西是你立刻就能想到的模型。

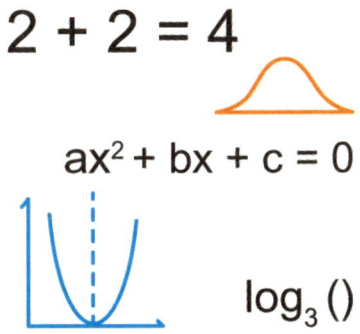

㊀ 基础的数学已经融入到你的生活经验中了,是生活经验的一部分。——译者注

比喻法——结构、模型和高速公路,上帝呀!

前面说的什么结构呀、模型呀,听起来很抽象。别担心,这么早介绍它们是有道理的。假如说整体性学习是一条龙的话,结构、模型和高速公路就是龙的脊柱。

很多关于学习的书喜欢介绍大量的学习技巧,我在下面也会讲到。不过,我不仅介绍这些学习技巧,而且告诉你在整体性学习策略这个背景下,这些学习技巧起什么作用以及为什么起作用,然后你就可以做到根据个人情况修改和创造个性化的学习技巧了。

知道了信息在大脑里是怎样储存的背景知识后,希望大家能采纳那些在这个策略中有价值的技术,而不是随意采纳任何一种学习技术。明白了我们的大脑是如何储存信息的,你就可以改善自己的学习方式。

模型从哪里来?生活经验是最熟悉的结构,是模型的主要来源,其他学科中的知识结构也是模型的来源,只要与所学的东西类似,就可以拿来作为模型。

整体性学习的顺序

到目前为止,我已经描述了信息在头脑中是如何储存的。但是,首要的问题是:**信息是怎么得来的?**

任何学习都可以分成几个独立的步骤。如果只是为了通过一次考试,你并不需要完成所有步骤,也不需要理解得非常深入。完成步骤的顺序也不需要固定不变,你完全可以完成第二步后再跳回第一步继续学习。

每一个步骤对学习都很重要。如果你总是缺少某一步骤,或者某个步骤完成得不好。信息就不会得到很好的存储,这种学习就是失败的,因为信息不能整合到你的整体性认识中去。

为了看一看每一步是如何纳入到整体性学习理论中的,我们可以采取一些学习策略,通过这些策略,你可以弥补自己现有技术的不足。当然,你也可以自己发展出一些新的方法来替代不合适的环节。

整体性学习的顺序:

(1)获取

（2）理解

（3）拓展

（4）纠错

（5）应用

还有一个测试步骤是伴随上述每一步的。测试就是观察以上五个步骤做得好不好,严格的测试能发现问题出在哪里。

以下是这六个步骤的简单介绍。

（1）获取 获取就是信息进入你的眼睛和耳朵,阅读、课堂上记笔记以及个人的种种经历都是获取。获取阶段的目标是获取的信息要准确,信息量要尽量压缩。

（2）理解 理解就是了解信息的基本意思,并放在上下文中联系,这是学习的最基本联系。

（3）拓展 拓展阶段是整体性学习中最花力气的地方,这一步将形成模型、高速公路和广泛的联系,从而获得良好的结构。

（4）纠错 纠错阶段是在模型和高速公路中寻找错误,这个阶段要删除那些无效的联系。

（5）应用 应用把纠错带入最后的水平,通过比较(知识)信息是如何在现实中运行的来进行调整,如果理解不符合现实世界，那么再多也无用。在这一步中失败的典型例子就是书呆子，即那些读书读得很好但是出了学校大门却茫然不知所措的家伙。

（6）测试　上述阶段的每一步都需要测试，测试有助于你迅速找到学习中的问题所在，帮助你改进学习技术，克服缺点。

> **小贴士**
>
> 　　本书第二部分介绍的各种学习技术是针对不同阶段使用的。快速阅读用于获取信息，笔记流和比喻法有助于拓展，而模型纠错法和项目学习法用于对观点的纠错和实际应用。

获取阶段

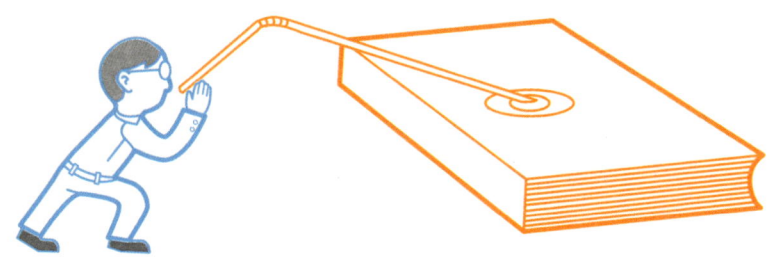

这个阶段代表信息从采集到进入脑子的过程,此时处理各种形式的信息以及减少干扰的能力至关重要。在获取阶段,你的表现怎么样?

- 阅读一页材料并达到90%的理解,你要花费多长时间?
- 一堂课,你真正注意到了多少内容?

每个人处理各种形式信息的能力(阅读或听讲都可以获取信息,但是信息的形式不同)或高或低,这直接造成了学习能力的高低。在获取阶段丢失的信息在后面的环节将无法补偿,也没有任何其他整体性学习技术可以弥补这一损失。

获取信息时有三个主要目标:

(1)简化

（2）容量

（3）速度

简化

请阅读以下文字：

"我是，我是，我是，我是，我是，我是。"

连续读 6 遍"我是"，是不是很啰唆，你可能会简单地说"我是，6 次"，实际上二者所含的信息是一样的，但是后者显然更简单。

阅读时，要尽可能地找出真正需要的信息，很多作者和老师喜欢讲些无关紧要的话，这些东西对形成模型和结构毫无帮助。

简化表示在获取的信息中将无用的东西尽量删除，只有那些对你形成模型非常有帮助的例子才需要认真学习。如果你觉得不需要掌握，就大胆地跳过它。

容量

明白了信息的简化之后，你就应该获取尽可能多的信息，只读一句话当然没有读完一页理解得透彻,知道得越多,理解得就越深。一年读100本书总是比一年读两三本书知道得多。

速度

获取信息的最后一个目标是速度,30分钟读完一本书比一小时读完效率要高。速度看起来与容量和简化相反,读得越快,漏掉的信息就越多,信息获取也越差。

好的阅读和听讲方法能使获取阶段大为改善。即使在这个最早阶段,大多数人也有很大的改进空间,我会在本书第二部分中详细介绍改进的方法。

理解阶段

获取信息而不理解是没有任何价值的,这就是所谓的填鸭式学习。假如你不理解一本书、一章节、一段话说的是什么意思,要

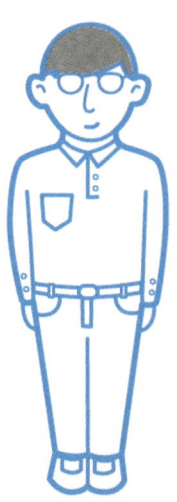

想牢牢记住它或者在实际生活中应用它几乎是不可能的。大多数人都能感觉到理解阶段的存在，虽然信息经过初步理解后变得有意义，但是此时信息还没有很牢固地扎根于大脑中。

整体性学习过程对信息的理解有三个层次，层次越高，对信息的理解越深入。首先是理解阶段，其次是拓展阶段，最后是应用阶段。

在理解阶段，你只是理解了信息的表面意思。举个例子，比如你正在学习一个新的数学公式，至少你要知道公式里每个符号代表的是什么，然后才有可能应用公式来解决问题。如果你重复使用公式的次数足够多，就有可能记住它。死记硬背式的学习仅仅是理解阶段的学习。

大多数人到了理解阶段就止步不前了，而聪明的人知道要超越它，方能高人一等。到达这个阶段只不过表示你初步理解了信息在上下文之间的意思，公式不再是胡乱弯曲的字母组合。不过，光了解这一点还不够，你还需要了解这个公式是怎么得来的，它与其他公式的关系，以及怎样用它解决外面世界的各种问题。

尽管理解阶段有局限，但是这个阶段非常关键，除非先获取信息和理解它的字面意思，否则你就没有机会深入下去。

> 💡 **小贴士**
>
> 如果你不能立即理解某段话,并不代表你的学习不具有整体性。我的建议是当你遇到比较难的课程时,首先尝试将其分解为更小的问题、缩小范围,搞清楚你真正不能理解的地方,你才可以深入阅读,跨过障碍。

拓展阶段

拓展才是整体性学习的真正开始。之前你对信息的字面意思已经有了一个基本的理解,现在你可以将这个信息与其

他信息联系起来了,在这个阶段要应用模型来简化和扩展你的结构,同时也要拓展对信息的理解,包括信息的由来(问为什么?)以及与其他信息是怎么联系在一起的。

一名整体性学习者对前面提到的公式会怎么做?先去获取,然后理解公式本来的意思,接着开始拓展它。他会问:公式是怎么来的?公式中的每个成分代表的真实含义是什么?公式中的什么成分可以做些改变?这种改变会导致结果发生什么样的变化?其他公式与这个公式有什么相同之处,又有什么不同之处?

如果你不习惯拓展,上述工作可能要花费些时间,但是一旦变为习惯,拓展就会自然发生。只了解字面意思并不符合人的本性,人们都有进一步了解知识来龙去脉的好奇之心,保持这个好奇之心吧,它是我们学习、创造的源泉。○

拓展有三种主要方式:深度拓展、横向拓展和纵向拓展。

○ 问问自己难道你不想了解恐龙到底是怎么灭绝的吗?为什么那样的庞然大物有一天会突然消失?地球之外究竟有没有外星人?苹果为什么会掉下来,而不是往天上飞?1+1为什么就一定要等于2?假如你觉得这些问题很可笑,麻烦了,你在嘲笑的同时也正被大家同情,你丧失的是宝贵的好奇心呀!有了好奇心,牛顿才会思考"苹果为什么会掉下来"这个似乎很傻的问题,最终发现了万有引力的存在。——译者注

深度拓展（知识的背景探究）

知识从何而来？结论来自何处？一个发现是如何做出的？事物为什么以这种方式存在？深度拓展需要在信息内部创造联系。不是仅仅理解一个结论就结束了，要进一步理解结论之前的试验，试验是怎么做的？是谁做的？怎么想起来做的？如此这般之后，结论就建立在与其他相关知识联系的基础之上了。

深度拓展的缺点是需要很多探索。有些学科本身提供了一定程度的深度拓展，但是往往深度不够；有的学科根本就没有提供，只是孤零零的结论。深度拓展可能是牢牢锁定知识的最佳方法，但是同时也是最花时间的工作。

横向拓展

知识不会孤立地存在，与此类似的结论还有哪些？是哪些地方类似？不同的地方在哪里？同一时期还有哪些其他的发现，同一个发现者还有哪些发现，在同一领域里还有哪些发现？围绕这一结论有哪些其他的事实？

横向拓展需要在知识周围建立联系，通常意味着你需要建立模型，在模型与原知识之间建立联系。比如将发生在古希腊的一件事与另一件发生在古代中国的事情联系起来。

纵向拓展

知识都遵循一定的模式，同样的模式在其他知识中也会见到，你能将一个公式与一个自然事件相联系吗？比如水的流动或是驾驶汽车？如果这个发现与一个看起来完全不相关的历史事件联系在一起，你能发现什么类似之处吗？想想看地震的预测与八国联军事件有什么相似之处吗？

纵向拓展有相当的难度，也是最有创造性的学习方式。但是，如果运用得当，其速度要比深度拓展中探究知识的背景快得多。纵向拓展是本书中最重要的内容（希望读者仔细体会）。比喻法和内在化是进行纵向拓展的最好方法。

纵向拓展要求在结构间建立高速通道，它有益于创造性思考，赋予你神奇的力量，帮助你理解知识。㊀

上述三种方法都很有效，本书中介绍的技巧可以应用于

㊀ 纵向拓展就是前面特别强调的比喻法，也是本书的核心，整体性学习的核心。深度拓展和横向拓展虽然没有比喻法快捷、简单，却是实实在在的知识拓展。——译者注

每一种拓展方式，关键问题是不断地练习和知道正在创造的联系是哪一种类型。你正在探究知识的基础背景吗？正在将知识与其他类似知识相联系吗？还是你正在一种知识与另一种完全不相关的知识之间建起一道道高速公路？

> 💡 **小贴士**
>
> 画画图表会帮助你进行纵向、横向和深度拓展。比喻法和内在化对于纵向拓展效果极佳。不过，整体性学习并不需要追求标新立异，只要保持好奇心以及不断地追问，你就会拓展知识。

纠错阶段

学习不可能不犯错误。错误的联系可能导致错误的理解。你以为理解正确，实际上是从错误的联系推导而来。

比如，用生物进化作为模型来模拟公司的演变㊀，这是个很有用的比喻。不过正因为是比喻，也存在不够精确的问题。

㊀ 这是比喻法，是一种纵向拓展，它在生物进化和公司的演变之间建立了高速公路。——译者注

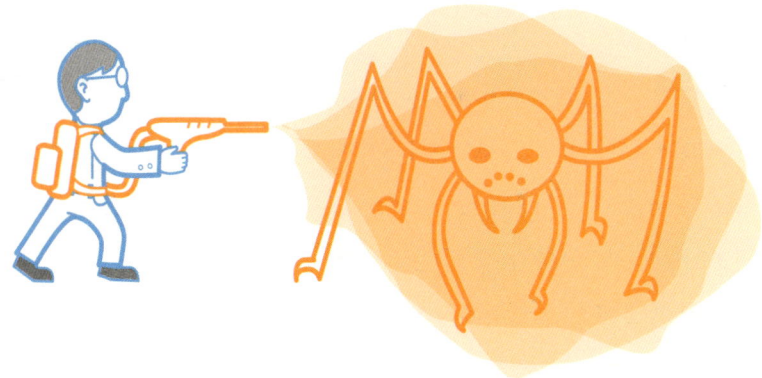

自然选择经过数千代的复制，错误发生率相对较低，而公司经过几代就可能发生根本性变化，而且不可避免地出现较高的错误发生率。除非你明白比喻的局限，否则就会推理出错误的结果。[一]比如你得出公司的变化也要经过数千年的结论，显而易见，荒谬之极，谁都知道，世界上公司的产生也不过百年。[二]

纠错可以看作在整体性知识网络中做修剪工作，添加一些特殊的例子，删除一些现实中不存在的联系，这不是一个完美的过程，修剪工作是必要的。

[一] Eliezer Yudkowsky, "No Evolutions for Corporations or Nanodevices" http：//www.overcomingbias.com/2007/11/no-evolution-fo.html

[二] 相信你在用比喻法时，不会这么傻，但是某些情况下，比喻法的确让人得出自以为正确，实则荒谬的结论，不过科学就是这样在不断地否定错误中发展成长的。——译者注

纠错可以采取多种方法，包括阅读那些与你观点相反的书籍，以及把结论放入现实世界中看看等方法。

在本书的前面，提到过我是怎样应用模型（有3D背景的格子）来理解子空间的，除此之外，一定还有其他理解子空间的比喻。格子的比喻可能会导致一些错误的结论，纠错的目的就是要修正这些错误。

> 💡 **小贴士**
>
> 纠错的最终途径就是实践，如果纠错之前的三步做得很好，那么纠错的时间会缩短。关于纠错的更多建议，请参阅模型纠错一节。

应用阶段

应用是学习的最终目的，能做到学以致用方能更好地适应现实世界。如果你学习税法并用到自己的企业管理中，那肯定比纸上谈兵学得好。如果你学习统计学，又把学到的知识用在实验设计上，那你对统计学的理解一定更深刻。㊀

㊀ 不过应用的目的又岂止是更深刻地理解，深刻地理解只是副产品，学习的本来目的就是应用于实践。——译者注

　　只有很少的知识能够到达此阶段,如果能将更多的知识引导至应用阶段,你深入理解的知识就越多。理论运用到现实世界中的过程既是练习的过程也是创造性解决问题的过程。

　　知识中的很大一部分存在于潜意识中,这部分知识如果不去运用就得不到很好的发展。读了图书馆里所有的管理学书籍也只是理解了管理学的概念,如果能亲自管理企业,那么对概念就不仅仅是理解,而且是一种感觉。

　　创造新的途径,将所学的知识应用到生活中去,这是整体性学习的最后环节,也是最终目的。

测试阶段

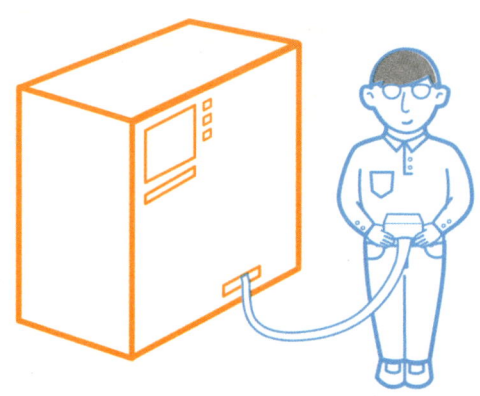

无论五个阶段中的哪一个都需要进行测试。不管你何时尝试新的方法,知识都有可能发生丢失和误解的现象。测试可以让你了解弱点是什么,该如何改进它。

通过测试要确定你对知识的理解到了什么层次?以下是你需要问自己的一些问题。

- **获取阶段的测试**——我以前看过或听过这个知识吗?
- **理解阶段的测试**——我理解知识的含义吗?(至少是字面上的意思。)
- **拓展阶段的测试**——我知道知识从何而来,与哪些知识有关系吗?

- **纠错阶段的测试**——我删除了那些不恰当的联系吗？我删除了那些错误结论吗？
- **应用阶段的测试**——我将知识用到实际生活中了吗？

对于上述问题的回答会让你清楚自己对于某个知识的理解到了什么水平。你可能获取了某个知识，也明白了知识的基本意思，而且将它与其他知识进行了联系，但是你没有进一步检查，删除那些错误的联系，因此你现在的水平也仅仅是完成了拓展阶段而已。

测试并不是什么复杂过程，但是它需要很强的自我意识，请再读一遍五个阶段的定义，对照定义进行检查，这样你会更清楚自己到底处于哪个阶段。

整体学习顺序小结

上面所说的关于整体性学习的理论听起来的确很棒！不过我要怎样进行纵向拓展？怎样创造模型？又怎样建立一个结构？此时此刻，你一定想翻到本书的第二部分，其中介绍了许多整体性学习理论的具体技术。

整体性学习的顺序并不是一成不变的线性顺序，步骤之间可以往返，也可以跳跃。理解之后可以再去获取，拓展之后可以不经过纠错，而直接跳到应用，记住它是多线性的而不是单线性的。㊀

找出薄弱环节

在整体性学习中，你最薄弱的环节是哪一个？明确弱点何在应该是一项经常性的工作。更广义地讲，你要找出自己的毛病总是出在哪里？每个人学习时都有强项和弱项，也许你善于获取和理解，但是不擅长拓展，也许你很容易对观点产生联想，但却总是获得一大堆无用的联系。

发现弱点，才能知道需要掌握何种技术去弥补缺陷，我无法告诉你你的弱点是什么，你需要自己去发现。

以下是一些指南，你可以参考用来发现自己的薄弱环节。

假如你的薄弱环节在……

㊀ 总之一句话，不要迷信五个步骤，认为必须如此，要相信现实世界，而不要迷信理论，现实世界中，有几个学习者会一定要纠错好了，再去应用？可笑的是就有人本末倒置，将理论奉为圣经，不可违背，于是这世间就有了教条主义。——译者注

···获取

获取的问题主要表现为下面两种。

（1）阅读和听讲速度慢。

（2）需要反复阅读。

原因有以下几点：

（1）阅读/学习习惯不好。容易分心，不能持久阅读，没有掌握第二部分中介绍的那些阅读方法，导致阅读花费的时间长或者一个材料要反复阅读几遍。

（2）不好的记笔记习惯。笔记记得太多或太少，记得太多会没有时间思考，笔记记得太少或者记得不对更不行，如果信息丢失或者信息错误还谈什么获取？

（3）不理解基本名词和语法。如果读的是外文书，相信除非你外文功底深厚，否则一定会错误百出。假如对所学专业的基本概念都不清楚，那么读书也是一头雾水，毫无所获。

解决获取缺陷的方法是养成良好的学习、阅读和记笔记的习惯。我在第二部分会告诉大家该怎么做，可参照而行。获取并不是学习中最重要的阶段，所以如果你在获取方面表现得不够完美也不用太多担心。

…明白

理解不好的表现如下。

（1）你虽然在读书，但是不知道作者到底说的是什么。

（2）笔记记得很清晰、完美，但是你却不明白是什么意思。

要明白字面上的意思并不需要什么魔法，我的建议是如果理解有困难，不如寻找写得更好、解释得更清楚的材料阅读，而高级技术如比喻法或内在化只有在有了基本的理解（也就是字面上的意思搞清楚了）后才能发挥作用。

即使你觉得无法理解一段话，也不必太忧虑。我发现，这很少成为主要问题。通常，大多数人能理解某个观点的基础知识，只有在应用以及需要与记忆中的想法联系在一起的时候，大家才会觉得困难。

遇到不能理解的问题时，你可以放慢阅读速度，寻找不同的说法。一般，当我遇到新概念、新思想时，在完全明白前总会耽误很长时间。我的强项在于一旦有了点初步的理解，就能迅速抓住它，并且快速地让其成长，因此我能轻松地运用它。

···拓展

拓展不好的表现只有一种：缺少灵活性。你已经掌握了一个新东西，但是没有或不会将它与其他学过的知识联系起来。假如让你用这个新知识去解决一个非常规问题，就常常束手无策。

他们会按照老师教的公式和方法解决问题，但是如果问题的背景稍微改变一些，就不会了。不会将学到的知识举一反三、触类旁通，这就是拓展能力差的表现，而不是应用阶段的问题。举个例子，大家就会看出二者的区别。

假设乔尼正在学习基础统计学课程，他理解了教授教他的公式，也记住了一些例子，并且会用公式解决一些数学问题。

现在乔尼碰到了一个新问题，这个问题的解决需要用到所学公式，但是要稍微改动，结果乔尼不会做了。造成这种情况，问题出在拓展阶段没做好。

然而，假如乔尼顺利解决这个问题，这说明他拓展做得很棒。但是以后的某一天，他在生活中恰好遇到了一个统计学方面的问题，他还能想起课堂上学到的知识并且用知识解决生活中的实际问题吗？知识能够实现从课堂到现实生活的跨越吗？如果乔尼做不到，问题就出在应用阶段。

···纠错

纠错阶段的不足主要表现为错误联系太多。我发现这个问题在课堂上很少出现，在现实生活中却很普遍，道理何在？课堂上，人们很少做拓展工作，因为联系得少，所以错误的联系也就少，结果也就很少有需要纠错的地方了。

在现实生活中，迷信并不仅仅存在于落后的宗教社会。人们习惯于产生众多古怪的联系，却从不加以检测是否正确。比如人们相信喊加油有助于己方球队获胜，是因为胜利与欢呼叫喊是相联系的。久而久之，人们就误认为大声的叫喊可以赢得胜利。

纠错做得不够的一个表现是常常不能发现自己在某个主要的看法或问题上是错误的，如果你总认为自己是正确的，可能是你没有对建立的联系做足够严谨的检查。

···应用

我在拓展阶段的弱点中说过，应用上的缺陷是不能在真实世界中很好地运用知识，有华丽的理论却不会应用于实际是无用的。按我的观点看，现在的学校恰恰缺少这方面的教育。

拥有"书本智慧"但是缺乏常识的人通常也是不会运用知识的人，解决这个问题的唯一办法就是更多地实践，抛开书本，走出去，去做实验，去接触生活，去融入社会。

确认弱点

人们应该发扬自己的优点而忽视自己的缺点，对吗？通常我会同意这个观点，但是整体性学习的每一步都很重要，你不能推给别人去做。假如你经营一家企业，你不必是世界上最好的经理人，你可以雇一个经理。但是作为一名学习者来说，你不能雇用他人替你获取信息、理解信息和拓展信息，乃至运用信息。你只有一个大脑，所以你要注意改正这些缺点。

知道了弱点所在，你就可以通过多多练习来改进。一开始，采用新技术总是要花一点时间的，一旦掌握之后，它们就成了属于你自己的学习策略。

信息结构

大多数学科的学习过程是类似的，不管是学习化学、历史还是编程，你都要经历获取、理解、拓展、纠错以及最后的应用阶段。

问题是不同学科的知识并不相同，历史课上你要记住一大堆日期；程序设计课上你要了解什么是多态性。不同的知识有不同的结构类型，虽然学习的过程是类似的，但是知识结构的类型却不一样。

吃汉堡和吃一碗苜蓿芽，其过程一样，都要先经过咀嚼，然后在胃里消化，接着营养物质在小肠里被吸收，最后废弃物变成粪便排出体外。不过汉堡和苜蓿芽的食物类型不同，因此在咀嚼、消化、吸收和排出体外的具体方式上也不同。

你不能用同一种方式处理不同类型的信息。学习必须根据内容做出适当的调整，如学习的内容是一个名词解释，还是针对一个有争议问题提出不同的看法？

用同一种方法处理不同类型的信息是行不通的，针对不同的信息，你可以根据本书第二部分介绍的办法做些调整。我把信息分为五种类型，便于你了解遇到的信息属于哪一种类型。

- 随意信息
- 观点信息
- 过程信息
- 具体信息
- 抽象信息

这五类信息基本上涵盖了学校里的课程和实际生活中能遇到的所有信息类型。有些信息介于两种类型之间，比如物理学游走于抽象信息和具体信息之间，生物学则可能既有随意信息又有具体信息。实际上，大多数学科都是上述各种信息的组合，不过是比例不同。

随意信息

随意信息是一系列事实、日期、定义或规则，它们缺少逻辑分类，常常在学校里碰到，很少在真实世界里遇到。很多医学专业的新生在学解剖时，会遇到大量需要死记硬背的

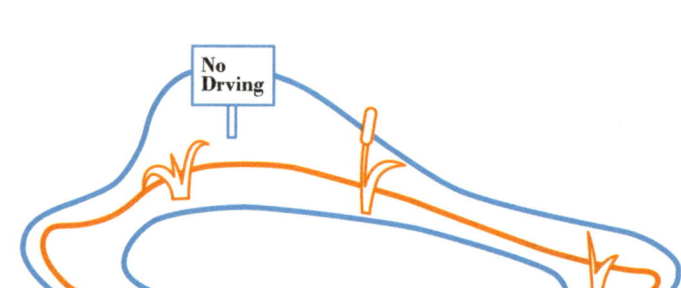

知识,比如人有 206 块骨头等。这些知识看起来没有规律,无法再加工。需要死记硬背的知识就是随意信息。

处理随意信息的方法

对待这种信息的第一个目标就是:假如存在某种逻辑关系,那么尽量去发现它,否则记忆和使用信息的工作会更加困难。

如果这样做还是不能令人满意,可以采取下面三种方法。
- 联想法
- 挂钩法
- 压缩法

随意信息的难点

随意信息的有利一面是理解起来不费劲,要理解心脏如何泵血肯定比认识心脏各部分的名称更为复杂。

不过事情往往是相对的,正是因为这种信息需要理解的工作少,所以可供探究的程度也少。因此,随意信息如果不进行反复机械记忆,非常容易遗忘。联想法、挂钩法和压缩法就是帮助我们记忆随意信息的方法。

 小贴士
随意信息是最不容易进行整体学习的,假如你需要记忆大量的随意信息。联想法、挂钩法和压缩法会有些帮助。

观点信息

观点信息是存在争论的信息。小乘佛教和大乘佛教哪一个更优秀?这就是观点,观点信息在论文中很常见,关于这类信息,大家的意见不一致,而当你需要做决定时却非常重要。(什么是健康饮食?哪一行业发展前景更好?)

观点信息的难点

对于观点信息,最大的难点在于获取阶段。你需要检查大量的信息以寻找其中的模式,而不是去记忆具体的细节。速读技巧对于收集信息非常重要。

图表法对于观点来说也是非常有用的方法,它能帮助你在阅读以后提取出关键思想。

过程信息

过程信息是教导你怎么行动的信息,是讲述一系列动作、操作的信息。比如,讲述如何游泳的知识,编写一段电脑程

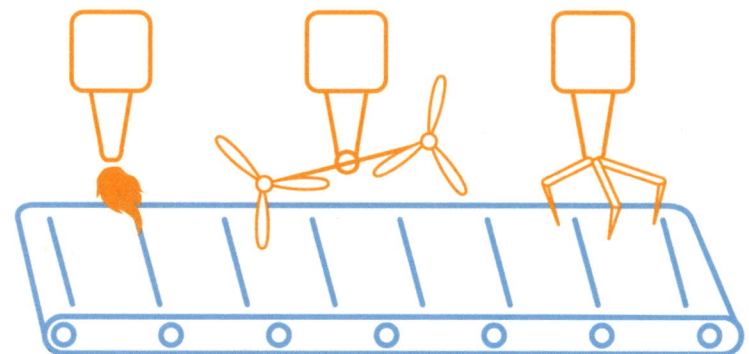

序,建造一所房子以及设计一个模型都依赖于过程信息。学习这类信息最重要的是不断练习、反复去做。不过,建立正确的背景概念对于节约时间也同样关键。

应用过程信息的方法

大多数过程信息都依赖于正确的模型,通过练习可以慢慢形成一个结构,如果有正确的模型则可以提高学习速度,以下是一些可以改进模型的技术:

- 内在化
- 比喻法
- 图表法
- 模型纠错

过程信息的难点

过程信息的最大难点是需要实际投入大量的时间用于练习。你可以对概念理解得不好，但是必须实际地掌握动作。你无须全部学习材料，只要拥有正确的背景模型，就可以练习那些教你的动作。

过程信息的好处是：如果练习了，它比其他类型的信息记得更牢，保存时间更长。通过练习，你可以将模型与知识结构更好地融合在一起。

具体信息

另外两类信息是具体信息和抽象信息，它们是学校里学习最多的两种信息。具体信息是那些在实际中可以观察到、听到、触到的信息，比如医学上的视、触、叩、听得到的信息就是具体信息，不过实际上，

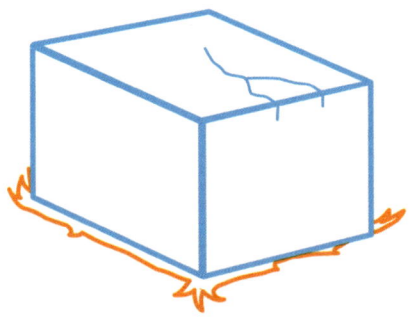

大多数信息都介于抽象和具体之间。

例如，生物学可能是比较具体的科目，有大量真实的图像，你不需要做更多的视觉化工作，因为艺术家和自然本身已经做好了这种工作。不过生物学也有酶、神经元、蛋白质结构、化学反应等难以想象图像的知识，所以生物学也是一门抽象学科。

应用具体信息的方法

本书第二部分列出的大多数技巧都可以用于具体信息。内在化有助于将信息与多个感官相联系，举例来说，你不但能看到心脏泵血的图像，还可以给这幅图画加上感情和声音。

抽象信息

抽象信息缺少与感官的直接联系。数学、物理、心理学、计算机和化学主要涉及的是抽象信息。量子物理学和微积分中有大量抽象的信息，不容易马上想象出图像来。

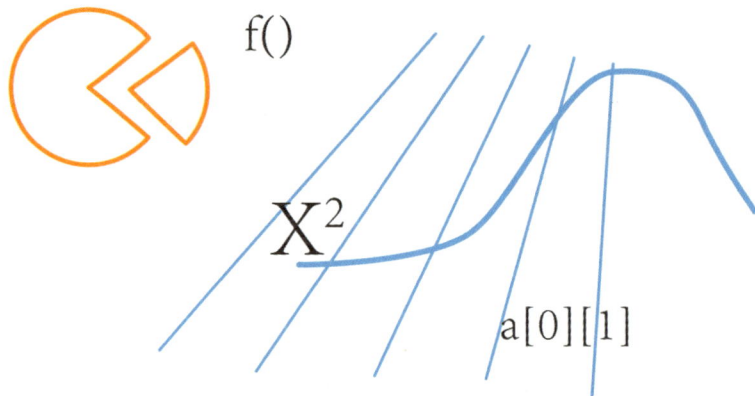

抽象信息与随意信息正好相反。抽象信息非常难以理解，但是逻辑性很强，学习时好比潜入深海的探索，随意信息则非常浅显，但是逻辑性差。

应用抽象信息的方法

在处理抽象信息时，你需要将之移到具体的层次。整体性学习者一般会抛弃课程中的随意信息，因此他们比一般人理解得更好，后者往往不愿意尝试理解复杂的知识。

内在化和比喻法对于将复杂知识简化至关重要，模型纠错也很重要，因为一开始建立的模型总是存在各种各样的错误。

抽象信息的难点

对抽象信息来说，理解和拓展阶段显得难以忍受。假如你感到理解困难，可以降低接受信息的速度，将前面的信息深入仔细地探究。这种知识的特点是一环接着一环，所以打好基础至关重要。

> **小贴士**
>
> 在学习抽象信息时，整体性学习优势明显。通过将信息转化为更容易想象成图像的形式，你可以为知识建立广泛的联系。内化和比喻法是两种主要的办法。

如何使用五种信息类型

学习一个新问题时，首先要判断信息主要属于哪一类？确定信息的类型可以帮助我们决定学习时采用什么技术，以及估计记忆时可能会遇到的困难。

弱结构和强结构

稻草搭建的桥不是强结构，钢铁做的桥一定非常坚固。知识结构也有强弱之分，如有可能，应当尽量使用强结构。

随意信息结构是最弱的结构，难以进行整体性学习，学习起来时间长，而实际应用价值又很局限。可能的话，要尽量找出随意信息中可能的逻辑结构（于无序中寻有序），能帮助你记忆。

举例来说，如果有一系列名词要记住，看起来是很随意的信息，但是你要努力寻找它们可能存在的逻辑关系，也许名词的第一个字都是三点水旁？这就是一种逻辑关系。如果实在找不到逻辑关系，也可以试试针对随意信息的联想法，比如挂钩法和信息压缩技术。

具体信息结构和过程信息结构是最强的信息结构，二者会唤起你的实际经验。新的知识可以与旧的经验很好地联系起来，编写程序包括了具体信息结构和过程信息结构，修改程序后的结果会立即反馈给你，各种概念不断地出现在脑海中。

通过本书后面提及的众多方法，你可以将弱信息结构转变为强信息结构。

为什么你的课程枯燥乏味

为什么你会觉得有的课枯燥乏味，有的课却令人着迷？[一]你可能会说因为我对某些学科感兴趣，而对有些学科兴趣索然，不过你知道其中的缘由吗？

喜欢文学而不是物理，喜欢编程而不是会计学，其中的原因有很多：或许你天生喜爱某门学科而不是另一种；也许你在日常生活中经常用到某门学科，所以才喜爱它；也许是因为某门学科的老师讲课生动有趣，他能将抽象的概念与你感兴趣的东西紧密联系在一起。

问题是：你能否掌控自己喜欢或是讨厌某门学科？你能让一门枯燥的课变得有趣吗？假如你能掌控自己的学习，那么，我相信你会发现学习任何学科都会变得生动有趣。

整体性学习和对课程的兴趣密切相关。你对一门课程的兴趣越大，学习就越容易整体性。你有没有发现自己可以很容易地联系到喜欢的学科上，却很难联系到乏味的学科上。

[一] 建议大家看看电影《春风化雨》。——译者注

反过来，学习越是整体性，课程就越生动有趣。你可以通过整体性学习，来让你感觉乏味的课程变得有趣。

我们在开始学习一门学科时，都会觉得枯燥，也许是因为要拿学位而不得不学习统计学；也许是因为开公司需要学习税收法。如果你能使这些枯燥的学科变得生动，你就会学得容易，效果更好。

下一次当碰到"乏味"的课程时，不要马上抱怨。问题可能在于老师教你时没有和你的经验联系，而使用整体性学习方法，你可以将内容与你感兴趣的东西相连。

学习计算机科学时，你是思考课本上的那些文字，还是在想宇宙的神秘符号？学习医学时，你是在背诵那些文字，还是在想着活生生的病人？学习历史时，你看到的难道仅仅是数字和日期，难道没有看见那么多历史人物的鲜活故事？

整体性学习的一个附加的好处是它强迫你以不同的视角看待学科、课程和问题。任何知识都可以从抽象的原理转化为生动的图像、有趣的故事。

学习的目标

到目前为止，我已经确定你的目标是完整地学习知识以通过各种考试，但是仅仅是通过考试，有好分数是不够的。你学习眼前这个知识的目的是什么？你为什么要学习它？它对你的生活、人生有什么用处？

毋庸置疑，如此这般思考的人肯定比那些仅仅想通过考试获得好分数的人学得更为深刻、效果更好。因为他们学习的动机更加强烈，学习的意义更加深远，学习的目的更为远大，所以他们对知识的理解必将更加深刻。

在开始学习编程时，我为之着迷，不满足于上课教得那些内容，我试着用学到的知识自己写一些程序，由于对编程的兴趣，最终完成了好几个有点规模的游戏编程。

我在学习会计学时，立即就看出了学习它的门道，我一边学习一边将知识用在管理我的小公司上，尽管很多知识并不是我这个小公司需要的，但是在试图应用知识的过程中，我的会计学也学得很棒。

我在学习医学时，接触临床后，才明白书上的知识不是为了考试回答出某个问题，而是与那些鲜活的生命密切相关，我试图用书上的知识解决患者的一个个诊断和治疗问题，这样的目标当然会激励你学得更棒。

为什么要举这么多例子？因为我想强调：要想超出知识本身，光有热情还不够，你要寻找各种应用知识的途径（即使现在讨厌它），知识因"用"而获得新的意义。

整体性学习中最关键的步骤是将所学的知识运用到实际中去，知识只有获得了在实际生活中的价值才是真正的知识。只要你用心发现，几乎所有的知识都有实际价值，如果能发现知识在你生活中的价值，知识就与你产生了紧密的联系，这可能比第二部分要介绍的所有技术都更加有效。

你的学习有目标吗？我并不在乎考试成绩，我会努力学习，但是 B+ 和 A+ 的成绩差异并不会困扰我，我关心是否学到了有用的知识。学习上的投资会给你的生活带来巨大的益处，前提是你能真正应用那些花时间学来的知识。如果只学习而没有实际的应用，就是在浪费生命。

小贴士

整体性学习使你的课程更有价值。通过联想，所有的观点、知识都会变得有用，尝试将你的课程与感兴趣的东西联系在一起，任何所学知识都要发掘其实际的用处，特别是对于改进自身有什么实际用处。

第二部分 整体性学习技术

整体性学习技术

整体性学习策略是我学习新知识的策略。不管你以前是否学习过整体性学习策略,我认为这种方法的实际学习效果更好。整体性学习将观点联系在一起,应用模型,建立结构以理解不同类型的知识。本书的第二部分介绍了一些具体的技术,这些技术都可以应用于整体性学习框架中。

在学习整体性学习概念时,一个很好的方法是把它比喻成下棋,首先你要了解下棋的基本规则和基本目标,本书第一部分可以看作介绍了关于整体性学习的一整套规则和目标。

一旦理解了下棋的基本规则,你就要开始进一步学习具体的策略和如何赢得比赛了。第二部分就是介绍学习的不同策略,内容都是我个人使用中觉得非常有用的策略。⊖

理解整体性学习的框架对于提高学习能力是非常重要的一步,只简单学习一些技巧而没有掌握框架,那么面对不同的挑战也不会灵活变通,就像知道怎么下棋,却不知道下棋的基本规则一样。

⊖ 当然,整体性学习并不如下棋一样有非常精确地规则。不过,还是有一些提纲供大家参考。——译者注

技术并不是万能的，不可能适合任何场合的任何学习者。所以，在决定应用哪种技术之前，你应该应用整体性学习理论找出自己的弱点所在。这些技术来自我对不同学习方法的研究并结合了自己的学习实践。因此，你在学习应用这些技术时，应该结合自己的情况，做适当的调整，不必拘泥于我所说的条条框框。

技术一览

在此我要强调：从这里开始仅仅是改善自己学习习惯的起点。我曾经阅读过大量有关改善学习习惯的各种各样的技术，其中有很多不错的观点。

以下是第二部分中将要介绍的技术：

A）获取知识

    1）快速阅读

    2）笔记流

B）联系观点

    1）比喻

    2）内在化

3）图表法

C）随意信息的处理

1）联想法

2）挂钩法

3）信息压缩技术

D）知识扩展

1）实际应用

2）模型纠错

3）以项目为基础的学习

获取知识

学习知识的第一步就是要获取它,这意味着你要通过双眼、视神经和大脑,实实在在地将书本上的知识印到脑海中。假如你从未接触到该信息,或是获取得太慢,这会导致你终止在学习上的任何努力。

有两种方法对于知识的获取很有成效:快速阅读和笔记流。

快速阅读

如果读得快,那么获得的知识就多,这是常识。不过快速阅读不仅仅是强调快,一味地图快会造成理解得不够。通过不断实践各种不同的阅读技术和改进阅读方法,你就可以读得更快而且理解得更好。

快速阅读包括很多技术,足够写一本书[我最喜爱的一本是《快速阅读突破》(*Breakthrough Rapid Reading*)], 在这里我主要介绍以下三种主要的方法。

(1) 指读法

(2) 练习阅读法

(3) 积极阅读法

指读法

在读书时, 你的眼睛不会总是停留在书上的某个地方, 眼睛会不断地运动, 这会降低阅读速度。使用手指会让眼睛停留在你要阅读的地方, 这样简单的办法也会提高你的阅读速度。

指读法的好处还能通过调整手指移动的速度来控制阅读的速度。快速阅读不仅仅是读得快这么简单, 有时候你需要降低阅读速度以仔细揣摩重点内容, 有时候你需要略过不重要的内容。

Travel your pointer across the text
While going backwards to start
over. Then repeat the entire

指读法最简单的办法就是用食指放在你要读的那一行下面，不断移动食指，从这一行到下一行。有些速读专家建议处处都要用指读法，我建议只有书本才用，如果是网上的文章或者是小印刷品就没必要多此一举了。

使用指读法的开始两周可能会感到不适应，看起来缓慢且令人尴尬，是不是像大老粗读书？大老粗就是这副模样，舔一舔手指，蘸点口水，再用手指点着书本上的文字，一个字一个字地读，显得非常笨拙，是不是？不过一旦你适应了以后，食指划过书本也很自然，手指提供的控制和聚焦会大幅度地提高阅读速度。

练习阅读法

快速阅读的另一个办法是练习阅读，练习阅读与一般的阅读是不一样的。当你练习阅读时，你的目的并不是吸收阅读的内容，练习阅读的唯一目的是训练自己以尽可能快的速度理解所读内容。

（1）你可以通过阅读一本从未读过的书来练习阅读，在书上做一个标记，设定3分钟，然后用指读法从标记开始，以稍快于自己能读懂内容的速度进行阅读，3分钟一到，停止阅读，再做一个标记。

（2）算算自己读了几行，再乘以每行平均单词数（第一段总单词除以第一段行数），得到自己刚才3分钟的总阅读单词数；再除以3分钟，得到大约每分钟的阅读单词量。

（3）这个练习能测试你提高阅读速度的空间有多大。

$$\frac{（正确的知识点数）-（错误的知识点数）}{所有的知识点数}$$

另一个练习是针对提高理解力的，与上面的练习类似，先阅读3分钟的材料，然后尽可能地写下你记下的知识点（不准翻书）。然后再读一遍材料，边读边记下所有的知识点，然后比较两份记录，看看自己正确的知识点有多少，错误和没写的有多少，用前者减去后者，再除以总数，得到的数字就是你以一定的阅读速度阅读这一类型材料的理解能力，通过降低阅读速度练习，你可以提高自己的理解能力，以实现最快的阅读速度和最好的理解能力。

积极阅读法

尽管我将积极阅读放在了快速阅读之中，实际上积极阅读与快速阅读是对立的。积极阅读强调深入地理解材料，所以自然降低了阅读速度。积极阅读不仅仅是简单地在书上画各种颜色的记号和在空白处写一写心得体会，还是将知识点真正地整合在一起。

开始积极阅读时，准备好要读的书和笔记本，在笔记本上写下每章的标题和亚标题，每读完一小部分时（指读法），在笔记本上记一些笔记。

进行积极阅读时你需要记下：

（1）这一节中主要观点是什么？

（2）我怎样才能记住主要观点？

（3）我要怎样将主要观点拓展开以及应用它。

第一个问题仅仅促使你完整地获取信息；第二个问题迫使你对信息进行联系、视觉化和比喻法；第三个问题要求你将信息应用在不同的情境中。这三个问题迫使你将每个知识点都要经过整体性学习里的理解、拓展和应用三个阶段。

比如我刚刚读完心理学中的经典条件反射，其主要的知识点是：

- 经典条件反射的发现者是巴甫洛夫
- 经典条件反射是刺激引起反应

我会这样记忆：

- 想象一副图画，画中巴甫洛夫的狗听到铃声流出了唾液。

我会这样拓展：

- 我听到电视里类似的手机铃声，会不由自主地掏出自己的手机。

如果你能对教科书里的每一个知识点都进行这样完整的积极阅读，你一定会天下无敌。一旦你熟悉了这种方式，就不必对每个知识点进行完整的积极阅读，而只针对自己需要理解和记忆困难的那些内容。

掌握快速阅读

快速阅读与整体性学习一样，是一项技能。这表示如果不反复练习，仅仅阅读本书毫无用处，本书中有数十个智力挑战用以练习和掌握各种新的技能，我建议每次选其中一两个智力挑战认真练习几周，直至熟练，然后再练习其他技能。

小贴士

别忘了下载快速阅读练习材料，这些材料专门设计用于练习快速阅读。

智力挑战

这个挑战的目的是让你适应快速阅读的技巧，快速提高阅读速度和理解力。我个人建议只有在完成本次挑战之后，才进行下次智力挑战。

1. 买一两本内容适合做快速阅读练习的书。
2. 确保至少 3 周内每天 15 分钟进行阅读速度和理解力的练习（具体方法见"练习阅读"一节）。
3. 练习指读法两周。
4. 每周练习 1 次积极阅读。

笔记流

我并不是那种推崇记录非常详细且纷繁复杂笔记的人，我一直信奉"一次学会"的学习原则，"一次学会"表示你在学习时要全神贯注地听老师讲课，而不是忙着做细致漂亮的笔记，等到课下再学。

我在课堂上曾经使用一种记笔记的方法，对信息量较大的课程效果不错，我把这种记笔记的方法称为笔记流技术。笔记流技术的目标是提供一个平台以联系学到的东西。大多

数人采用的画线、画圈等传统记笔记的方式被很多"流"(虽然有些杂乱)替代。

使用笔记流时,首先写下最主要的观点,尽量用很短的单词来替换完整的句子,这可能会降低可读性,但是提高了上课时的学习效率。事实、日期、细节和描写要尽量减少单词量,不要写冗长的段落。

一旦你写下了一个观点,下一步就是在这个观点和其他观点之间画上一些箭头,观点不是建立成金字塔式的结构,而是呈现出相互关联的关系,这个过程与实际的整体性学习策略类似,观点连在一张网中。

我把笔记流当作一种工具,以更好地使用其他的学习技

获取知识 | 79

术。比喻法、图表法以及信息压缩技术都可以与笔记流相结合，通过笔记流，你可以写下各种主要的观点，也可以将观点与图像、图表以及其他主题相联系。

记笔记是为了更好地理解所学内容，如果忘记了这个目的，笔记记得再漂亮，思维导图画得再标准、好看，也是本末倒置。因此，虽然笔记流看起来杂乱、粗糙，但是在帮助理解材料上效果不俗。

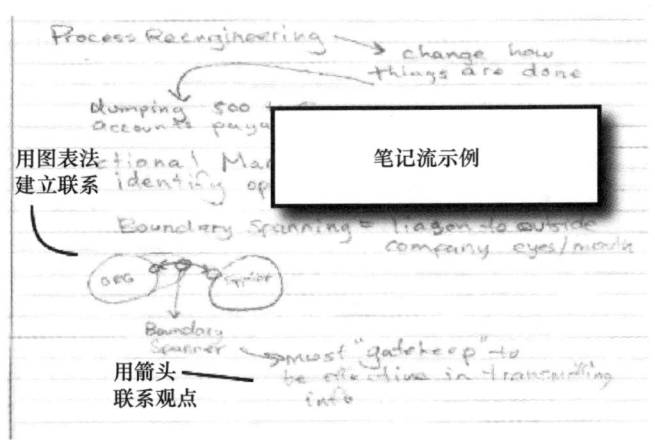

笔记流示例

混合型笔记流

笔记流技术涉及两个方面：记录和拓展。传统的规则、线性的笔记方式,可以将课堂内容精确地复制下来,这种方法对于你准备课下好好复习几遍来说是不错的选择。

笔记流会为了当前的理解而牺牲一些随后的可读性。通过减少笔记内容和增加各种联系或图表,学习变得更具整体性。如果课堂上的信息量极大或者你打算课后好好地复习笔记,建议你采取混合型笔记流方法。

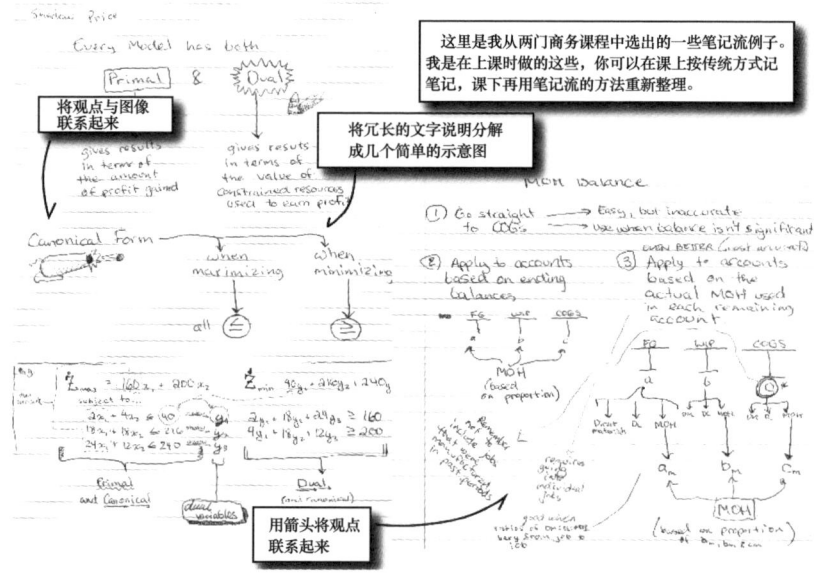

课下笔记流

第一种混合型笔记流是课堂上按常规记笔记，下课后再根据笔记内容制作标准的笔记流。假如你觉得跟不上课堂的节奏，这种策略会给你更多的时间消化知识。虽然花的时间比单纯的笔记流或传统线性笔记更长，但是它兼顾了可读性和理解性。

我建议你在尝试笔记流之前的一个月，先试试课下笔记流。这样可以保证你有一份完整、清晰的笔记，以便今后需要复习笔记时使用。

评注流

有些课程上课时信息量很大，如果你想疯狂地记下每一个细节，笔记流几乎不可能做到。笔记流只能保证在很少的时间里记下所有最关键的信息。大多数优秀教师会在课堂上留有思考的时间，在这些时间里，你可以创造整体性学习需要的联系、比喻和图表。

然而，在信息太多来不及记录的情况下，评注流是个不错的选择。首先写下最关键的信息，然后在信息之间加入联系。假如老师讲了十几个需要记下的公式，首先写下所有的公式，然后在老师举例子和讲授公式如何应用时，给公式加上各种各样的联系。

关键信息的识别

记好笔记流的一个关键能力是知道哪些知识是重点，哪些是老师教的核心内容。假如你平均记录老师讲的每一句话，那你所做的工作就是实录而非思考。

我做笔记流时，删减掉很多信息，重点记录联系和按照我理解的方式给信息分类。

> **小贴士**
>
> 在尝试课堂上做笔记流之前，要先习惯以"流"的方式写下信息。如果你掌握了下一章介绍的图表法和比喻法，笔记流会做得更好。

智力挑战

　　本次智力挑战的目的是在决定是否用笔记流取代传统记笔记方法之前，练习笔记流技术。

1. 买一本专门的笔记本，在封面上写下"笔记流技术练习本"。
2. 确保2周内每天练习1次：把你课堂上记的笔记拿出来，按照笔记流的方式重新记录，记下知识点并在知识点之间画上联系。
3. 练习将其他技术融合到笔记流技术中。

联系观点

在获得知识之后，下一步就是理解和拓展这些知识，仅仅理解知识的表面意思一般是记不牢的，进一步地深入下去可能会花费一些时间。但是，如果运气好的话，当这些方法变成一种习惯时，你就可以在需要的时候自动地使用它们了。

当然了，这些技术并不是对每个知识点都十分必要，很多知识我在课堂就处理了，比喻、内在化及图表并不是全部要完成，可以根据情况有选择地做一些。

我的做法是将要处理的知识分为两类，有选择地应用这些方法。

（1）困难信息。

（2）关键信息。

困难信息可能是一系列日期，或者是一系列步骤。步骤间没有什么逻辑关系。困难信息可能是抽象信息、随意信息，在这些情况下，应用联想法可以使知识记得牢。

关键信息就像是一座建筑的地基，它构成了我们学习其他知识的基础。一个初学矩阵的学生会发现行列式和行化简是非常重要的两个问题。如果这两点理解不好，后面以此为基础的其他知识更不可能学好了。

如果不是特别关键和困难的信息，就没必要采取专门的技术。因为大部分的学习过程是潜意识的，你在不知不觉中就可能形成了足够的联系和模型，而没有应用什么专门的技术。

使用联想法形成模型

在本书的前面，我曾经说过模型是最基础的结构。简化的图像和概念可以用于描述新知识。这些联想方法是整体性学习中创造模型的主要方式，大多数时候我使用比喻法、内在化或图表来创造一个模型。

练习、练习、练习！

像所有书中提到的方法一样，这些技术都需要反复练习方能熟练应用，假如你以前从未用过，那你至少需要练习3次去熟悉它们。此外，当你开始用这些技术时，我建议你准备一支笔和一张纸，先在纸上练习，我现在已经能做到在脑子里清晰地想象，而不必写下它们。对于从未用过这些技术的人，先在纸上练习是最好的办法。

比喻

比喻本是一种文学上的工具，用来将某个物体与其他物体联系在一起，而实际上二者并没有实际的联系。比如说一名女性有沙漏一样的身材，并不是说她的身体是玻璃的，黄沙从她曼妙的身体不停地往下流淌，这只是一个比喻，形容她的身材与沙漏的曲线一样玲珑。

明喻是比喻的一种类型，明喻法在比较两个物体时，常用"好像"或"如"等词。男人强壮得好像一头公牛；她的

皮肤白如牛奶；寒风像结了冰的刀子割在我的脸上，以上这些都是明喻。

故事中应用比喻可以把普通人的经验与不寻常的体验相联系，比如一个故事中的恶人约翰"有一张沙皮狗样的脸"，读到这样的文字，你很容易在脑海中想象出约翰的那张脸。在这里，比喻法就成功地借助沙皮狗（你曾有的体验，相信你看过沙皮狗的模样）告诉你约翰的模样（你不曾有的体验）。

比喻法在整体性学习中扮演的角色是类似的，比喻就是在不熟悉的知识和熟悉的知识之间架起一座沟通的桥梁。比喻在文学中主要提供视觉上的相似，而在整体性学习中联系的是类似的过程：事件或者信息的顺序。㊀

举例来说，我们在心理学课上学到了条件反射，经典的条件反射讲的是一个刺激经过强化，与一个反应建立联系的现象，这个现象由巴甫洛夫观察狗的行为而发现。巴甫洛夫注意到如果每次给狗送食物之前先按铃的话，以后一按铃，即使不给食物，狗也会分泌唾液。

㊀ 其实比喻法不必拘泥于二者有多么相似，只要有一点相似，不管是视觉、听觉、触觉还是直觉，也不管是原理、目的还是过程，都可以拿来比喻，比喻法也就是建立模型的方法。——译者注

怎样应用比喻法学习条件反射？比喻法的第一步是在你的个人经验中寻找能够模拟条件反射的东西，我个人生长在加拿大的冰天雪地里，所以想到的第一个比喻就是在雪地里行走。你第一次在雪地里行走时，因为雪地茫茫一片，走哪条路都有可能。但是几次行走以后，你会选择一开始走的路，因为开始的行走在雪地上形成了一条隐约可见的小路，走这条路显然比随便走更容易。

我将雪中走路与条件反射联系在一起，一开始，铃声可能或不引起狗分泌唾液（这代表一开始雪地茫茫一片，无路可寻）。但是在将铃声和食物关联在一起后，从铃声到食物的路就在雪地上（狗的大脑里）形成了，最终狗一听见铃声就分泌唾液，因为这条路已经很明显了。像许多比喻一样，这个比喻也不完美，但是它很有用。

可以按照下面三个简单步骤找出一个比喻。

（1）确定你要深入理解和记忆的信息，在上面例子中就是经典条件反射。

（2）在你的个人经验中寻找与信息部分相似的东西，要达到完全符合不太可能,所以与其寻找一个完全符合的东西,不如稍作让步,找到十几个部分符合的"不完美比喻",在上面的例子里我想到的是雪中行走。

(3)重复上述过程,检查比喻不恰当的地方。例如,雪中行走是线性的痕迹,而脑神经却是错综复杂的网络。

有时候,想到一个比喻也不是那么容易的事,你需要费一番心思。雪中行走恰好适合比喻经典条件反射,但是并不是每次都有这么好的运气。

比方说,你已经学了基础数学,现在打算学习导数[一]。导数是一个函数求微分的结果,在数学上有很多有用的特性。

导数可以测量父函数任意部分的斜率,如果你有一个函数,这个函数描绘了一个向上升的直线,那么其导数和父函数的斜率相同。对于一个曲线,导数描述了父函数每一个点上的斜率变化。[二]

[一] 导数(derivative)是微积分中的重要基础概念。当自变量的增量趋于零时,因变量的增量与自变量的增量之商的极限。在一个函数存在导数时,称这个函数可导或者可微分。可导的函数一定连续。不连续的函数一定不可导。导数实质上就是一个求极限的过程,导数的四则运算法则来源于极限的四则运算法则。——译者注

[二] 这句话的意思是直线的导数就是其斜率,曲线把每一个点的导数求出来就构成了一个曲线斜率变化图。——译者注

关于导数的这种解释可能很难让人记住导数实际是什么，打一个比喻有助于将导数的概念和实际经验联系起来。

你也许会想到用驾驶汽车做比方，汽车的仪表盘上有里程表和车速计。里程表测量你开了多远，车速计测量你开的多快，如果你绘一张图，以里程和速度为纵坐标，时间为横坐标，那么，里程－时间函数的导数就是速度，（也就是说），位置图（某个点）的斜率就是（该点的）速度。⊖

运用比喻法的技巧

比喻法并不那么简单，想出比喻的速度有快有慢，质量有好有坏，怎样才能提高运用比喻法的速度和质量呢？

1. 要有寻找比喻的欲望

除非你不断地问自己什么样的比喻才能很好地描述要学的知识，否则你什么也得不到。

2. 注意第一个出现在脑海中的念头

发现一个好的比喻是一个创造性的试验过程，这表示你

⊖ 里程－时间方程是一条直线，其函数为：$S=kt+a$（其中 S 是里程，k 是速度，也是斜率，t 是时间，a 是参数，在这个函数里表示开始计时前已经有的路程）；$S'=k$（对函数 S 求导，等于 k，就是速度了，当然 k 也是这条直线的斜率）。——译者注

在找到一个恰当的可以充当知识模型的比喻之前，可能会尝试好多个不太恰当的比喻。我目前能做到在一两分钟内想出五六个比喻，并快速地找到一个适合的比喻。

我的建议是不要压抑你的创造力，不要总是说自己找不到好的比喻。抓住跳入你脑海的第一个念头，看看这个念头哪里适合，哪里不适合，把不适合的部分改掉再看看。

3. 优化和测试你的比喻

你经常会碰到找到的比喻只是部分符合你要学的知识。我建议你再找几个不同角度的比喻，这样做不仅会减少理解上的错误，而且会创造广泛的联系，从而改善结构的质量。

 智力挑战

本次智力挑战在于提高你运用比喻法理解和记忆抽象信息的能力。

1. 坚持至少两周内每天一次好好阅读学习内容，阅读完教材或笔记后，写下至少五个主要观点。
2. 针对每个观点，写一个可以解释观点的比喻。
3. 假如比喻不能完全解释观点，尝试寻找更多可以解释观点的比喻。

4. 应用 10 岁规则。是否能用这个比喻解释给一个 10 岁的小孩听？假如你的比喻还是和原始观点一样，孩子听不懂。重新来过吧，直到你找到简单的他能明白的比喻。
5. 针对其他观点，重复上述过程，直到你确定自己真正理解为止。

内在化

你可能听说过视觉化，就是在脑海中想象图画的过程。内在化是我创造的名词，指不仅仅在脑海中出现图像，而且有声音、触觉和情感等。一般说来，一幅图就足够了，但是能够调动更多的感知与知识联系在一起，甚至与情感相连，得到的关联一定比单一的图像更强（即所谓强联系）。

要内在化一个知识：最好的方法就是先简单地在脑海中想象一幅图像，如果知识本身就有图像时最好，想象一束光进入你的双眼，通过视网膜上的视杆细胞和视锥细胞，再通过视神经进入大脑的过程肯定比想象所谓的道德哲学要容易得多。

具体信息的内在化效果最好，而抽象信息最适合比喻法。当然了，二者之间尚有相当大的灰色地带。

　　有了脑海中的图像之后，就可以将其他感觉加入到图像中，假设你正在想象对光的感觉，想象光线进入眼睛时的那种感觉，你可能会进一步想象光线击中视网膜时和在视神经里汹涌前行时发出的那种特殊的声音。

　　当我学习矩阵时，我碰到了如何计算行列式的问题，行列式的值是将左上和右下的数字相乘，再减去右上和左下数字的乘积。假如我不对它内在化，想要记住这个抽象过程是很困难的。

内在化计算行列式的过程,首先要想象一个2×2的表格,其中有4个数字,然后想象我的右手从左上的数字挪动到右下的数字,同时想象在表格上留下了一条

蓝色的条纹,而且因为手上抓了数字而变得沉重。接着再想象我的左手从右上的数字划到左下的数字,同时留下了红色的条纹,而右手感到重量减轻。

通过将具体的感觉、声音以及肌肉的运动与原知识相连,记忆更加容易。

有些学习专家认为人们的学习方式主要有三种:视觉型、听觉型和运动型。视觉类型的学习者(我觉得自己就是典型的视觉类型学习者)需要信息以图像的方式表现出来才能很好地理解;听觉型的学习者需要将信息转化为声音和指令才能很好地理解;而运动型的学习者则需要通过触摸和操作才能更好地理解信息。

给自己贴上某一种类型学习者的标签并没有益处,不同

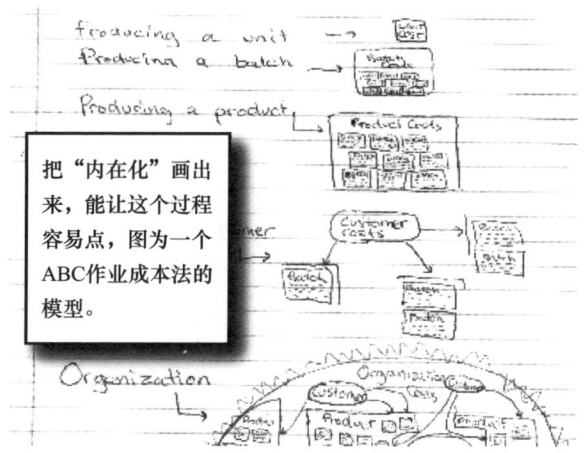

把"内在化"画出来,能让这个过程容易点,图为一个ABC作业成本法的模型。

的人学习方式肯定不同。内在化就是将信息由你不熟悉的类型转化为你容易理解和联系的类型。

内在化还有一步就是赋予知识以情感,心理学家早就知道不同的情感状态会影响记忆的效果。将知识与情感(即使是很小的情感)相联系总是比干巴巴的知识更容易记得住。

怎样进行内在化

(1)**明确你要内在化的概念**。这是一个生物过程,还是编程中的函数或者是一个数学概念?

（2）从建立脑海中的图像开始。如果你不习惯内在化，可以先试着在纸上画出概念的粗略图，多次尝试后，你就会直接在脑海中想象了。

（3）脑海中的图像是静态的，还是栩栩如生的动态场景？掌握一个行列式需要好几个步骤，所以要让图像动起来，就仿佛在看一部电影一样。

（4）现在开始加上其他感官。试着用手去拿它，去摸它，去打开它，去嗅它的味道，去听它的声音，动用你身体的所有感官，将所有的感觉与运动的图像相联系。

（5）加入更多的感觉或情感。

（6）不断重复和优化图像，直到你一想到它就能很快地回忆起知识。

像比喻一样，内在化也是个创造性的试验过程。你不可能一开始就想出完美的图像来。重要的是开始去做，在不断地优化、抛弃图像中不适合的部分，最后你一定会得到一幅记忆深刻、栩栩如生的图像。

我强烈建议大家拿起笔和纸来练习，看到纸上活灵活现的图像会让你记得更清楚。

比喻内在化

的确,将三个单词(比喻、内在化、视觉)融合在一起有点过分,但是比喻法和内在化结合可以让你更好地理解和记忆抽象但重要的知识。过程和内在化是一样的,不同之处在于你首先要用一个比喻来替代抽象的知识。虽然应用比喻法有些繁琐,但是当难以想象出概念的图像时,比喻法还是很有用的。

 智力挑战

本项智力挑战的目的是锻炼你形成图像以及给图像加上各种不同感觉的能力。

1. 取一张白纸和铅笔,准备作画。
2. 打开课本,找两个概念或观点,如果你不太熟悉内在化,建议你选择容易想象出图像的概念先试一试。完全抽象的概念或者过于复杂的概念对于初学者来说不太适合。
3. 在脑海中建立图像,将感觉和情感加上去。
4. 根据脑海中所想,快速画出概念的图像来(30~60秒)。
5. 坚持两周每天选几个概念练习内在化过程。

图表法

最后一项拓展观点的技术是图表法，图表是内在化的简化。创作图表比想象一幅图像花费的时间更多，但是操作起来更容易，而且可以用于非常抽象的观点，抽象的观点一般难以想象。

学习时，图表技术也可以很容易地和笔记流技术以及积极阅读相结合。

一幅图表就是一幅将多个信息压缩在一起的图画，图表最常见的形式是带有数字信息的图表。散点图可以将成百上千的数据点压缩到一张图中，流程图技术可以把一系列复杂的内部作用关系和步骤绘制到一幅图中，让人容易看明白。

一般的书中都有一些示意图，用来简化信息。在没有示意图的地方，你可以自己绘制图表（即观点流，画出不同的概念或将不同的概念联系在一起）。

我在这里介绍三种主要的图表类型：流程图、概念图和图像。三种类型的适当组合可以帮助你理解几乎所有的概念，图表的唯一缺点就是它花费的时间要比比喻法和内在化更长。不过，经过练习，我已经提高了画图表的速度，现在可以在一分钟内画出一幅粗略的图表来。

流程图

以图表为基础的流程图适用于以下几方面。

- 绘制一系列的步骤（怎样做长除法，怎样写一份现金流转声明等）。
- 绘制历史事件，创造分支将事件联系在一起，不仅通过事件之间的因果关系，而且根据事件的发生时间来建立联系。
- 绘制一个系统（例如函数在程序中怎样执行）。

流程图的基础是从一个简单的元素开始，然后在这个成分及与之相联系的不同知识之间画出联系箭头，我曾经为写这本书画过一个图表。从最原始的观点出发，逐步画出其他相关的观点来。

图表最重要的是方便你的理解，而不是追求漂亮的图画。人们很容易追求所谓简单、整洁、美观的图画，不过随后却要花费成堆的时间去理解其内容。只要能满足你的需要，简单和杂乱的图都是可以的。

概念图

概念图将观点联系在一起，与笔记流密切相关。概念图里的关系并不是某个顺序中的不同步骤或是按日期顺序排列的观点，而是观点之间的内在关系。在不同观点之间画上箭头，箭头上还需要加上一些简单的话语，说明二者是什么样的关系。

假如我想画出不同财务会计原理的简图，首先我要写下四个基本的清单：资产负债表、收入、留存收益以及现金流，然后我可以在它们之间建立各种联系，最后形成知识网。

假如我想画出小说中的角色关系，我会先把主角放在图的中间，然后其他人物以他为中心按照与主角的关系分别画在旁边。这种方法有助于我们理顺思路,将庞大的知识组织得条理分明。

从最重要的观点出发,不断发出分支细化知识及分解观点。

图像

图像不是一种专门的图表类型,不过图像构成的图表非常重要,所以我把它放在这儿介绍。图像强调的是用粗糙简单的涂鸦来代替文字,包括观点和观点之间的联系,图像比文字更加生动,容易记住。

我经常画一些小图像以代替某些重要的观点,它们在我的脑海中记得更清晰,没有必要花费很长的时间画一些复杂的图画,花 10 ~ 20 秒简单地涂鸦是比较好的选择。

将图表与比喻和内在化结合在一起

图表可以和比喻及内在化混合在一起,以加深对知识的理解。

各种各样的图表

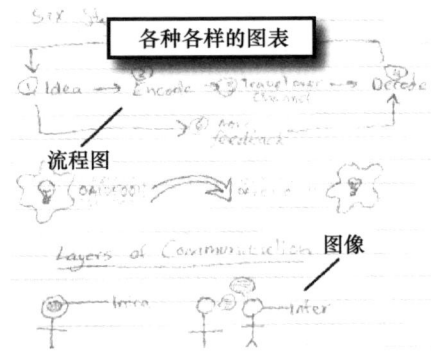

流程图

图像

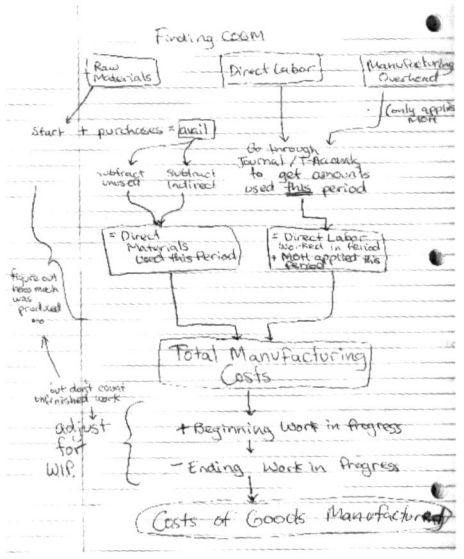

流程图
这张图表是我在学习会计学时画的。图表使那些抽象的规则和关系更容易视觉化。

智力挑战

　　本智力挑战目的在于提高你画图表的能力和速度，因为图表是上面提到的三种联想技术中速度最慢的。假如你想在学习中使用它而不成为一种负担，就必须提高画图表的速度。

1. 找出一个观点或是一系列概念，准备画图表。
2. 设定时间 2～5 分钟，然后开始画图表，图表可以是上面的任何形式。
3. 时间一到，停止画图表，统计一下你的工作量，包括信息的多少、建立了多少联系，等等。
4. 每天进行一次，重复两周，直到你可以轻松自如地画图表。

 小贴士

　　一旦你掌握了画图表的技术，请尝试将其与课堂上的笔记流或积极阅读结合在一起。

随意信息的处理

随意信息是整体性学习中的一个难点。针对随意信息，如何联系、比喻以及内在化呢？

例如：

- 一系列日期
- 解剖学术语
- 一系列步骤
- 各种各样的规章、条例
- 科学公式

一般情况下，这些信息只能靠机械记忆了，整体性学习则要尽可能地避免死记硬背。取而代之，用比喻、内在化和图表法，创建模型和最终的结构是应用大脑的最好、最快的方法。不过，在有些情况下，这些办法效果并不好。

随意信息，或者内容太多、太复杂的信息，都不容易被理解，它们需要不同的技术。假如你发现联想法不能帮助你理解材料，或者需要花费的时间太长，这时候处理随意信息的方法就很适合了。

这些处理随意信息的方法介于机械记忆和整体性学习之间。联想法、挂钩法就是处理随意信息的方法，它们能加速记忆，而且也符合大脑的学习方式。机械记忆好比钝刀切菜，整体性学习就是寒光闪闪的解剖刀，而联想法、挂钩法则算是切牛排的餐刀。

处理随意信息的方法需要不断地练习，理由如下。

（1）**不经常使用它们**。我平时很少使用联想和挂钩法，正因为不常用，所以练习非常重要。

（2）**这些方法比较复杂**。联想法、挂钩法和信息压缩技术很少依靠直觉，需要多加练习才能很好地掌握。

小贴士

随意信息的结构很弱，总是需要某种转化后才容易学习：

弱——重复学习。

好——通过联想法、挂钩法以及信息压缩技术学习。

最好——通过比喻法、内在化法及图表学习。

联想法

联想法并不是我首创的,作为一种记忆技巧,它已经存在很多年了。之所以称为联想法是因为它的目的是将一系列观点串在一起,就像链条,一旦进入链条中的一环,就可以轻易地到达链条中的其他环节。

联想法在处理一系列随意信息时效果很好,包含步骤的过程信息、按顺序写下的名字或公式,都可以应用联想法。随着不断地练习,你可以迅速地将数十个知识点连在一起。

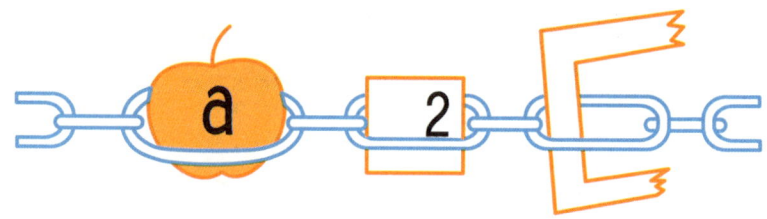

> 小贴士
>
> 联想法这个名字(不是我发明的)听起来与整体性学习关系不大,而与机械记忆关系更大。联想法虽然也是一个很有用的方法,但是有可能的话,我还是会尽量采用比喻法、内在化法和图表法。

使用联想法的步骤

第一步　创造顺序

先在纸上写下你打算记住的很多信息,在你能理解的前提下,迅速地将信息分成几类。把要处理的信息罗列成一个线性的清单非常重要,因为这是用联想法保存数据的唯一方法。

简单例子:联想法记忆杂货清单。

(1)香蕉

(2)牛奶

(3)烤豆

(4)黄油

(5)果酱

我相信没有什么课程会让你记忆杂货清单,不过其中的原理是相同的。

要记住一个公式,可以将公式先转化成一个序列,即将公式变为可以输入到计算器的形式。公式 $V=1+X/b$ 可以写成 $V=1$ 加上 X 除以 b,V、$=$、1、加上、X、除以、b 就是这个序列中的元素。如果你不习惯这种方法,碰到复杂的公式可能会花些时间,但是如果你很担心自己忘记,使用这种方法还是很有效果的。

第二步　给清单中的每一项设一个符号

如果清单中是抽象信息的话，你可以给每个抽象信息设计一个容易识别的符号。学习管理学时，我需要记住亨利·法约尔（Henry Fayol）的管理十原则，我运用联想法给每一条原则设计一个助记符⊖，劳动分配变成了一把锋利的刀，个人薪水则成了大棒上的胡萝卜。

设计的符号要能迅速让你联想到原始的知识，因为联想法记住的是视觉符号，而不是抽象信息本身（记住的是胡萝卜，而不是个人薪水），所以如果符号和知识之间没有什么相关性，那联想法就不起作用了。除非你确信能从视觉符号想到原始知识，否则不要使用联想法。要记忆公式，可以将公式中的字母用一个相关的有实际意义的物体来替代，比如变量 a 的替代符号是红红的苹果（apple）。

⊖ 一般是单词的首个字母或是词语中的一个字和谐音，比如用"水仙花，莫悲伤"记忆几种传染病出现皮疹和发热的天数，其中，水指水痘，仙指猩红热，花指天花，莫指麻疹，悲指斑疹伤寒，伤指伤寒。当然也有一些其他方法。——译者注

开始时写下序列中每个项目的替代符号,一旦你联想得很熟练,成为习惯,就不必每一步都写下来了。

第三步　创建属于自己的联想

这一步是联想法的基础,你要做的就是创造生动夸张的图像,能将序列中的两个符号联系在一起,这表示你需要创造出图像联系1和2、2和3以及3和4,等等。

以上面杂货清单的例子来说,首先我要想象一幅图画来联系香蕉和牛奶,我想象的图画是一只巨大的香蕉上面,有一群奶牛在散步;或者我也可以想象一名挤奶工在给一个巨大的香蕉挤奶,注意是巨大的香蕉而不是奶牛,是不是很疯狂?

这种疯狂、古怪、滑稽、荒诞的想象正是联想法的精髓,假如这种联系平淡无奇,只不过是普通的农场工人在给一头奶牛挤奶,一边挤奶一边吃香蕉,这样的想象不够夸张,不够生动,不能让自己兴奋,回忆起来也就很困难。这样的联系称为弱联系,而前面那种称为强联系。

在1和2建立联系之后,接下来就要想象2和3的联系了,想象一幅什么样

的图画来建立牛奶和烤豆之间的联系呢？想象巨大的豆子在和一盒牛奶摔跤是不是生动有趣？

接下来大家自己试试分别想象烤豆和黄油，黄油和果酱之间的联系。

做完所有的联系后，再回忆一下是否能很容易地从1联想到2，3，4直至最后，如果中间有困难，说明你想象的图画不够生动，不够夸张、荒诞，重新想个好点的吧！

> **小贴士**
>
> 联想法和整体性学习方法的一个共同特点就是想象力。别害羞，想象要大胆一点，想象的图像越是夸张、奇特，联想的效果就越好，整体性学习也是如此，联系越多，越不一样，学习效果就越好。

联想法的难点

尽管联想法用起来比其他方法更费时间，但是可以通过练习提高速度。不过在有些情况下，使用联想法也会遇到一些挑战。

符号重复

如果公式里有重复的符号怎么办：

r, =, σ, (, Z, x, *, Z, y,), 除以, (, n, 减, 1,)

我建议你给同样的符号加上不同的颜色，这样就不会混淆了。比如公式里有两次"( )"，前面的可以想象成蓝色的手镯，后面的想象成红色的手镯。

断裂的联系

联想技术的一个缺点是假如联想链中某一环断裂了，你就无法继续往下进行，这就是我为什么建议联想链最好不要太长，5～15个为好，超过这个数量，建议你把大联想链分成几个小的。

难以辨认的符号

如前所述，符号最好清晰简明，容易记住，假如你设计的符号不够清晰，联想链可能会失败。有些人掌握了联想法后会创造只有自己看得懂的速记，使用符号代替一般的常识、短语甚至是单词的音节。

触发物丢失

在一些列表中，你可能需要添加一个联想，用一个触发物和列表中的第一项联系起来。在杂货铺例子中，如果你想不起来清单上的第一个对象，你怎么能记得起来整个清单呢？在这种情况下，你可能要用一个触发物与清单上的第一个对象联系起来。比如以你的行李袋作为触发物，与杂货铺建立联系，或者用店面本身作为触发物。一旦看到触发物，你应该想起第一个联想以及它后面的所有环节。

同样的方法也可以用于考试，将第一个项目与某个观点联系起来，比如公式和这个公式计算的是什么，或者几条原理和它们代表的理论，这有助于我们完成整个联想过程。

 智力挑战

学习联想法可能比前一节中的其他方法花费更多的时间。要确保抽出一个月的时间来练习联想法。

1. 选择一个公式、列表、一组知识或者任何可以按某种顺序表示的知识。

2. 按照上述联想法的步骤，将知识整理成列表，创造符号，形成合适的联系。反复回顾你的联想列表，确保所有的知识生动有趣，符号重复现象少以及容易明白符号代表的真正含义。

3. 在本智力挑战练习1周后，把之前联想过的拿出来检查一下，看看自己能不能回忆起来。

4. 2周后，开始限定时间练习，以提高运用联想法的速度。

我不擅长联想法,所以总是尽可能采取个人擅长的比喻、内在化和图表法等整体性联系方法。有很多书介绍联想法,如果你想了解得更深入,推荐你上谷歌或亚马逊找一找相关的图书。

挂钩法

挂钩法类似于联想法。利用挂钩系统,你可以将要记忆的信息与数字联系在一起,所以即使这些信息并不是按照特殊顺序排列,你也能回忆起每一个信息来。挂钩法对于记忆日期类的数字也是很有用的,挂钩法并不是将一系列观点互

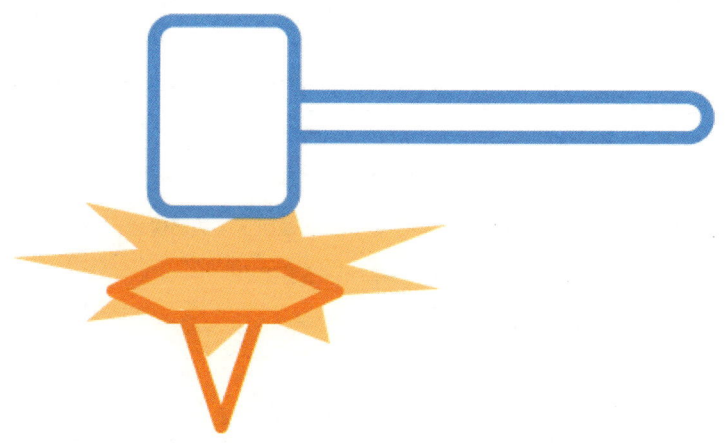

相联系在一起,而是将每一个观点与一个特殊的数字联系在一起。一般我应用挂钩法记忆的知识点不超过12个,不过改进后的挂钩法可以记住数百个完全没有关联的知识点。

挂钩法首先要给基本数字创造形象,我喜欢给13(0~12)个数字设立13个押韵的单词,用来储存13个数字,这13个位置可以用来记住数字、概念以及步骤等(见下表)。

英文的押韵(原书)	中文版的押韵(右侧是译者的第一反应)
0(zero)——英雄(hero)	零——铃——《倩女幽魂》中燕赤霞手上的那个法铃
1(one)——枪(gun)	一——衣——一件红色的大衣
2(two)——鞋(shoe)	二——耳——老子那双垂肩的耳朵
3(three)——树(tree)	三——伞——西湖舟上,许仙和白娘子打的那把伞
4(four)——门(door)	四——寺——少林寺,还是金山寺
5(five)——蜂房(hive)	五——舞——《黄飞鸿》上面的舞龙灯、舞狮子
6(six)——树枝(sticks)	六——柳——柳毅传书
7(seven)——天空(heaven)	七——妻——老婆
8(eight)——平板(plate)	八——疤——踢球留下来的那道疤
9(nine)——酒(wine)	九——酒——五星茅台
10(ten)——顶棚(pent)	十——石——《石头记》
11(eleven)——丝带(ribbon)	十一——湿衣——下雨淋湿的衣服
12(dozen)——炉(oven)	十二——石儿——石头里蹦出来的儿子

一旦你建立了挂钩系统后，就可以将任何符号与这 13 个位置联系在一起，想象一瓶葡萄酒和一把刀打架的场景就能让我记住刀（象征亨利·法约尔关于劳动分配的原理）在第九个位置。

挂钩法与联想法类似，只不过挂钩法不是将信息与前后知识点相连，而是将信息与具体 0 ~ 12 个数字联系一起。用这种方式记忆，如果其中一个联系破坏了，其他的联系还是很容易想起来的，只需要花点力气回忆你的数字挂钩系统。

使用挂钩法记忆日期

我学习时并没有碰到太多课程需要记忆大量的日期信息，但是根据我的经验，挂钩法对于记忆数字效果出奇的好，比如要记住哥伦布发现美洲的年份 1492 年。

第一步是创造与事件相关的图像,在这个例子中是一幅大船撞上北美洲地图的图像。

第二步就是将1、4、9、2挂钩。首先将枪与上图建立联系,可以想象在船撞上北美洲后,持枪的海盗拦住了可怜的哥伦布。

第三步你需要将枪(1)和门(4)建立联系,然后是门与酒,酒与鞋子建立联系。然后当你重复这一联系后,你也就记住了1、4、9、2或1492了。

高级挂钩法

高级挂钩法使用0~9的声音和数字0~9建立联系,而不是押韵的图像。不过我不太喜欢使用这种方法,因为我发现对于大多数情况,没有必要。

不过,假如你想在朋友面前炫耀惊人的记忆力,那你可要好好学习一下高级挂钩法了。

 智力挑战

挂钩法来自联想法,所以完成本次智力挑战之前应先做好联想法的智力挑战,本智力挑战的目的是熟悉挂钩法,并尝试用它记忆一系列信息,特别是数字信息,如日期。

1. 寻找一个适合运用挂钩法的清单信息,或是一组信息、日期，确信信息个数不超过 13 个。

2. 按照挂钩法的步骤进行挂钩记忆。
3. 每两周花一天时间重复上述练习，并检验自己的记忆效果。

小贴士
亨利·法约尔简介

　　泰勒的科学管理开创了西方古典管理理论的先河，在其被传播之时，欧洲也出现了一批古典管理的代表人物及其理论，其中影响最大的首推法约尔及法约尔的一般管理理论。

　　亨利·法约尔（Henri Fayol，1841–1925）的研究与泰勒的不同在于：泰勒的研究是从工厂管理的一端——"车床前的工人"开始实施，从中归纳出科学的一般结论，重点内容是企业内部具体工作的效率；而法约尔则是从总经理的办公桌旁，以企业整体作为研究对象，创立了他的一般管理理论。他认为，管理理论是"指有

现代经营
管理之父
亨利·法约尔

关管理的、得到普遍承认的理论，是经过普遍经验并得到论证的一套有关原则、标准、方法、程序等内容的完整体系；有关管理的理论和方法不仅适用于公私企业，也适用于军政机关和社会团体"。这正是一般管理理论的基石。

信息压缩技术

信息压缩是另一种常用的储存大量随意信息的方法，信息压缩的目标是减少信息的容量，寻找信息的逻辑关系，

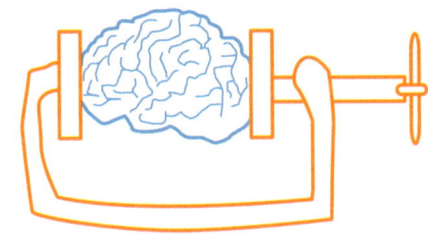

我一般通过三种主要方式进行信息压缩：记忆术、图像联系以及笔记压缩法。

记忆术

记忆术是用一个短语或单词来储存数个信息的方法。在急救术中，有一个处理动脉出血的记忆术 RED，R：Rest 暴露伤口，E：Elevate 评估出血范围；D：Direct 直接压迫，这种记忆术并没有什么新鲜的，古今中外都用了几个世纪。

记忆术很简单，只要求你想要压缩的信息不太多，选好一个短语或单词能组织好信息就可以了，比如 RED、NASA 或 USA 都是不错的选择。

最好的记忆术应该选择尽量简单通用的短语或单词。

图像联系

图像联系可以看作联想法和图表法或内在化的综合体，办法是把几个信息联系起来并且用一张图表来表示。我学习管理学时，将五个压力模型画在一张画上，每一个与原理论的不同部分相联系。

使用图像联系的另一个办法是创作一幅画而将多个信息放在其中。首先你用一个简单的符号替代每一个信息，然后再将这些符号放在一张图像中。

笔记压缩法

笔记压缩对于快速掌握大量材料是一个有用的办法。它

可以作为应用其他信息压缩技术、联想法、挂钩法或其他整体性学习技术的起点。笔记压缩的目的就是将一大堆需要学习的知识减少至几页笔记。

（1）**让你能组织大量的信息**。通常，在一堂课的时间里要记住数以百计的事实、概念和观点，并将之完全分好类是很困难的，但是假如信息只有两三页纸，要组织好就容易多了。

（2）**更容易建立联系**。信息压缩后，可以更仔细地观察课程的整个结构，让你更好地建立知识间的联系。

压缩笔记的步骤

（1）**拿几张空白纸**。准备好要压缩的笔记，这个练习可能会花费一两小时，所以要确保你有这么多时间。

（2）**用最小的字，写下笔记中的主要观点**。使用尽可能少的字。

（3）**接着写下与之相联系的观点、公式、概念或定义**。尽可能写小一点和写少一点，节省空间。

（4）**持续上述自由写下观点的过程，直到将笔记中的每一个主要观点都写了下来为止。最后你得到大约 1 ~ 3 张密密麻麻写满信息的纸。

（5）有时候，还可以更进一步，将上面压缩后的内容加工、修饰得更有条理，更好看一些。

下图给大家展示了我的一堂统计学课程笔记经过压缩的例子。当然，你可以自由决定压缩多少内容，可以是一堂课的内容，也可以是一门课的所有内容，完全取决于你自己的意愿。

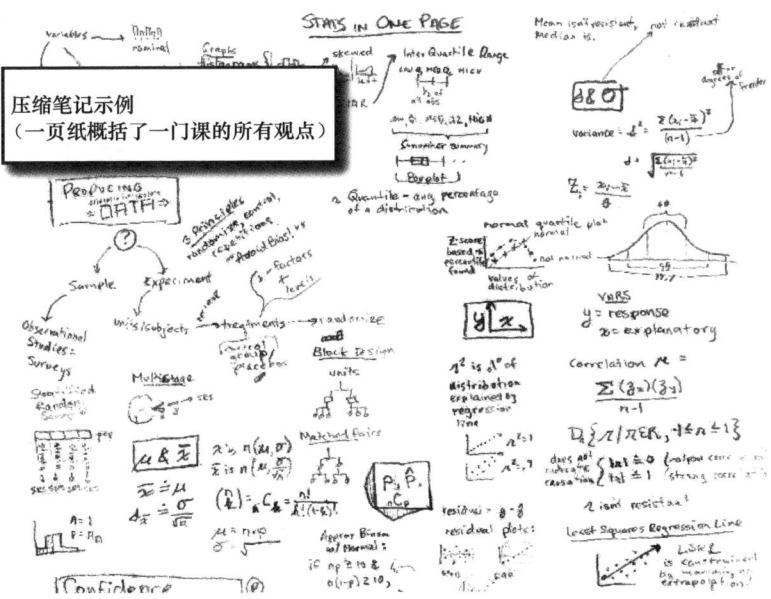

压缩笔记示例
（一页纸概括了一门课的所有观点）

智力挑战

本智力挑战的目的是使大家熟悉信息压缩技术的使用。

1. 每天进行一次,从你的课本或笔记中挑出需要压缩的信息,然后按照记忆术或图像联系进行信息压缩记忆。
2. 按照上述做法坚持两周后,将前两周学习的材料进行笔记压缩,将前面所有的记忆术和图像联系综合在一起。
3. 测试一下你是否能记住整个信息。坚持练习四周(包括两周的笔记压缩练习)或者直到你对这些技术运用自如。

知识的延伸

学习仅仅为了通过考试是不够的，假如不能应用所学，即使考试成绩再好也无济于事。整体性学习的最后阶段是应用，你不仅要理解和拓展知识，而且要测试、纠错和应用知识。

知识完整地从获取阶段进行到应用阶段对于考出好成绩并不是必需的，但是如果知识在学习过程中走得越深入，记忆得就越清楚，应用得就越灵活。

实际应用

要深入拓展你在课堂上学到的知识，最好的办法就是将知识应用到实际生活中去。如果你是自学者或者参加的是职业教育，很少会碰到死读书的问题。但是假如你需要将很多

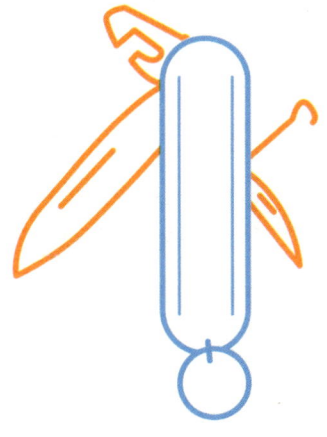

抽象的课程进展到一定的深度,而这些信息可能不太重要或者未来很多年都不一定用得上,就有可能陷入死读书的困局中。

通过将知识应用于实际,知识就会记得更牢。

实际应用并非一种按步骤进行的技术,它是一个创造性的过程。在这个过程中你要寻找不寻常的方式去应用观念,也许你现在还不知道该如何在日常生活中应用所学的历史知识或是数学知识,但是我确信如果你能花费十分钟做一次头脑风暴,一定会大有收获。

没有可遵循的通用的实际应用具体步骤,不过我乐意推荐一些应用课堂所学到的不同知识的方法,有一些可见到实际的客观效果,而另一些可能更倾向于内心的改变。

(1)**统计学**——我利用统计学知识给本书起名字以及定价。利用谷歌搜索引擎,我尝试各种名字和价格,最终利用统计学决定了这个书名和价格最为吸引人。

(2)**计算机**——除了编程这种明显的应用之外,我还发现计算机科学是寻找问题的有用途径,纠错、算法都是可以借鉴到其他地方的有用思想。

(3)**会计学**——会计学能帮助我理清个人财务以及报税。

运用基本的会计学原理整理我的个人财务，使它们看起来一目了然。

（4）**经济学**——经济学教会我重新看待金钱在社会中的价值，明白了金钱仅仅是物质交换的载体后，我的个人哲学体系也随之发生了很多变化。

（5）**历史**——历史是了解现在的工具，通过学习古代亚洲史能帮助我们看清现代中国、印度和日本的种种问题。历史就是照亮现在的一面镜子。

上述的介绍只是很少的例子，我总是努力为学到的所有知识找到实际用处。假如一门课程完全没有实际用处，那你还学它干什么？

 智力挑战

接下来的两个月，每周抽一点时间，看看学到的知识如何应用到自己的实际生活中去。花5～10分钟罗列各种可能应用的地方，确保至少有20个用处，不要嘲笑那些看起来可笑的想法，只管顺着自己的思路写下去。如有可能，请将这些想法付诸实际行动。

模型纠错

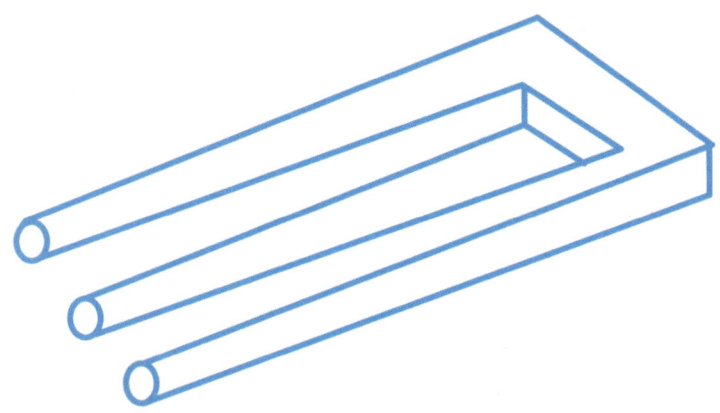

模型纠错实际上就是实践的代名词：不断地练习和实践，在实践中发现问题，测试自己是整体性学习过程中纠错的唯一手段。你不可能只看看程序，就知道错在哪里，只有亲自上机跑一跑，才知道问题出在哪里。同样的道理，大脑中的错误也需要通过测验、解决问题以及完成作业来纠正。

假如整体性学习过程完成得非常好，纠错花的时间就少。就像一个熟练的程序员写出来的代码错误率会很低。完美无缺是不可能的，因此不断练习，不断纠错总是个好办法。以下是模型纠错过程中的一点建议。

1. 分清是拼写错误还是概念问题

我相信很多程序员都碰到过写好的程序无法运行，问题仅仅是某个字母打错了，花了半个小时跟踪一个问题，只不过是变量名弄错了。但是假如你不理解一个基本概念和某个算法，问题就严重得多了。

模型纠错同样如此，当你发现模型存在问题时，首先要分清是简单的错误还是关键概念的理解出了问题。对于简单的错误，只要仔细点就可以了。若是概念问题，那就需要仔细看看模型、比喻法以及内在化的过程是否犯了错误。

2. 散弹枪策略

花费数小时重复解决同一类型的问题与死记硬背没有什么不同。我宁愿花时间采取散弹枪策略进行纠错。所谓散弹枪策略，就是每一种类型的问题都做一做，同一类的问题不要重复。当然，我觉得如果你必须要花好几个小时重复同一个问题，那么就这样做也无可厚非。不过，更好的办法是尽早使用整体性学习方法，这样你就能更容易地学会解决某类问题的方法。

3. 延伸练习时间

把总的练习时间分配到每一天，不要平时不烧香，临时抱佛脚，把全部练习时间集中在考试前做。每天一次快速充电比考试前一天晚上大量突击更容易坚持。

 **小贴士**

重复练习同类问题是一种缓慢的学习方式。模型纠错是必要的，但如果你需要反反复复做同样类型的问题，你可能需要在拓展或理解阶段做更多的工作。如果你觉得不太理解某个主题，试试返回去做做拓展工作。

  智力挑战

如果你已经定期练习在课堂上碰到的问题，请继续做你正在做的事。尝试实行那些能改善如何练习的观点，但在其他方面坚持自己探索。如果你不能定期做练习，或者你正在做考试前的疯狂冲刺，试着把你的学习延伸到整个学期，每天花几分钟学习而不是考试前花数个小时突击。

以项目为基础的学习

以项目为基础的学习是我最喜欢的自学方式，这种水平

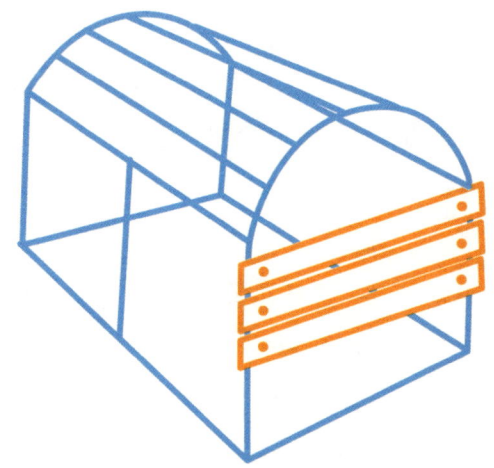

的学习可能对大多数普通学校的学生而言显得太深了。但是在没有老师指点、没有考试负担时,这种学习方式很有用。

以项目为基础的学习方式简单地说就是设定一个需要1~3个月达成的目标,达成目标的过程就是学习的过程,达成了目标也就达到了学习的效果。为了完成项目,你必须围绕着目标努力学习,以项目为基础的学习符合整体性学习的每一个过程。

1~3个月的项目可能使人产生畏缩情绪,但是假如你对项目兴趣浓厚(所以要选择恰当的项目),我相信这是快速学习的最好方式。与前两种拓展信息的方法一样,以项目为基础的学习也没有固定的公式。以下介绍一些应用这种方法的例子。

（1）**编程**——设计一个大概需要 1～3 个月完成的项目，比如一个小的应用程序，建一个网站，写一个小游戏。

（2）**历史**——关于你正在学习的某个历史问题写一篇探讨性的文章。

（3）**财务会计**——选择几家你打算投资的公司，对它们的财政报表做一个详细的分析。

在开始设计一个项目之前，请读一读我的建议。

（1）**从小项目开始**。一个好的项目会提升你的层次，但是太大的、看起来遥遥无期的项目会动摇你的信心。所以，如果你的目标仅仅是学习，还是设定一些需要花费 1～3 个月的项目为佳。

（2）**记录下来**。将完成项目的过程记录在纸上，将工作进度记录在纸上会加强你的自信心，翻阅前面的工作，会激发你继续进行下去的欲望。

（3）**创造一个有意义的目标**。仅仅有一个项目还不够，我发现只有项目完成后有一个清晰的目标时，学习才更为主动，热情更高。假如项目不仅是为了学习而设立的，项目本身具有的意义会激发你的热情，并使你为着目标而持续地努力工作，不断学习。

智力挑战

设计一个项目,大约花费一个月的时间完成。比如:

- 电子书
- 编程
- 发明
- 网站
- 服装设计
- 写博客

项目应该简单,但是也不能太容易。写下预计的完成日期,计划好日程,每天按时完成部分工作。在你完成项目之后,回顾一下以项目为基础的学习方法,看看还有什么相关的项目可以去做。

整体性学习技术的实际运用——费曼技巧

运用费曼技巧，你能达到过目不忘。

理查德 D. 费曼（Richard D Feynman），美国物理学家，诺贝尔奖获得者，曾经任教于普林斯顿大学物理系。费曼挑战任何一位普林斯顿大学数学系的教授，即不管这些教授告诉费曼多么复杂难懂的数学知识，只要他们使用简单的术语（不得使用费曼觉得生僻复杂的单词或术语）去描述，费曼就一定会得出同样的结果。

这则故事常常拿来证明费曼是个伟大的天才。不过，现实中，这个技巧人人都能掌握，接下来，我就告诉大家具体如何去做。

费曼技巧的具体措施：

（1）理解那些你没有真正掌握的知识点。

（2）记住那些你能理解，却可能在考试中遗忘的知识点。

（3）作为一个考前学习的高效率方法。很多学生花了不少时间在图书馆度过，学习效果却平平，运用费曼技巧，你只需花上 20 分钟就能深入理解知识点，而且记忆深刻，难以遗忘。

下面我来演示费曼技巧的操作流程，你可以用它大幅度地提高各门学科的成绩。

第一步：选择要学习的概念

首先选好你打算深入理解的概念，拿一张空白纸，在最上方写下概念的名称。

第二步：设想你是老师，正在试图教会一名新生这个知识点

这一步你要假想自己费尽口舌让一名毫无这方面知识的学生听懂，并把你的解释记录下来。这一步至关重要，因为在自我解释那些你理解或不理解的知识过程中，你会理解得更好，而原先不明白的地方也得以理清。

第三步：当你感到疑惑时，返回去吧

每当你碰到难题感到疑惑时，别急着往下走，学习不是单行道，回过头来，重新阅读参考材料、听讲座或找老师解答，直到你觉得搞懂了为止，然后把解释记到纸上。

第四步：简单化和比喻

如果你的解释很啰唆或者艰涩，尽量用简单直白的语言重新表述它，或者找到一个恰当的比喻以更好地理解它。

例如：在学习力矩时，用简单的话解释力矩，而不是照抄书上的定义。比如，首先用俗语"扭曲"来说清楚力矩是什么意思。

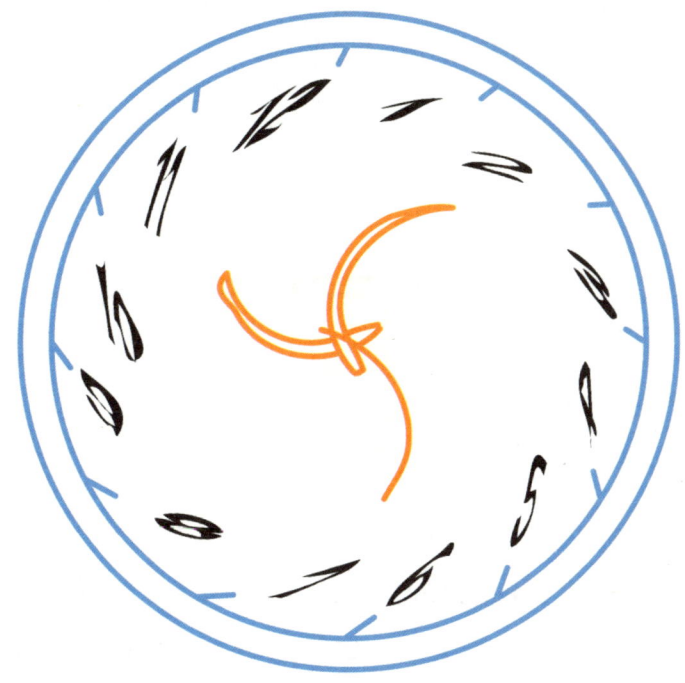

其次，给力矩找个恰当的比喻，我把力矩向量比喻为一个开瓶器的运动，向右旋转是拧紧，向左旋转为松动。

下面的网址中有一些运用费曼技巧的例子，是我在学习物理过程中的实际例子。

http://www.scotthyoung.com/mit/8014notes.pdf

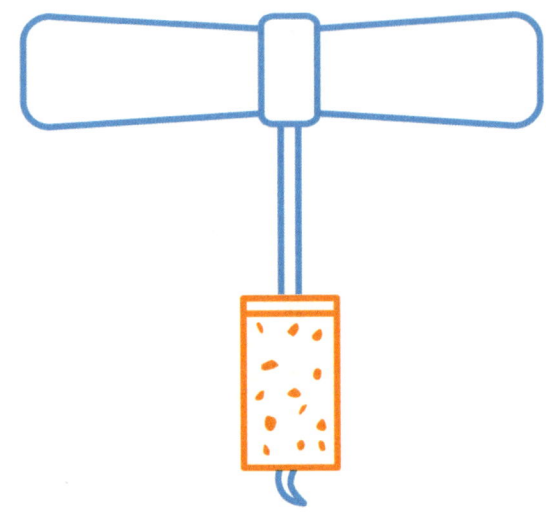

你可以使用此技术学习数学或其他理科学科,仔细按照上述步骤执行,并尝试解释给自己听。

你也可以在文科学科中使用这种技术,以帮助理解各种重要的观点,也可以把很多事实放在里面,这样你就可以在联系中理解它们。

你该如何使用这种技术?

如果你想理解一个观点,你可以通过这种技术仔细地查明到底是什么地方你不明白,然后你可以去翻阅教材、笔记或询问老师,弄清楚到底你遗漏了哪些关键知识。

如果你想为了通过考试而记住一个观点，你可以把重点放在寻找一个好的比喻或者简化词句上，不必追求彻底的理解。

最后，如果你学习是为了通过考试，运用费曼技巧复习时，要把学习材料抛在脑后。费曼技巧对于自我测试、考察对知识点的理解程度，是一个真正的好方法。因为如果你不翻阅教科书就能用自己的话把观点解释清楚，那么就意味着你真正理解了该观点。

立即使用这门技术吧，现在就拿出一张空白纸，选一个你正在学习的观点试试费曼技巧。这个过程只需花上20分钟，但是如果你养成习惯，这的确能帮助你学得更好。

整体性学习技术的回顾

理论和技术是整体性学习策略中同等重要的两个部分。

这些技术只是学习策略中很小的一部分,我鼓励大家寻找更多的学习方法,并整合到自己的学习策略中去,通过不断地整合和实践,最终找到适合你自己的学习理论和策略。

实践对于应用这些整体性学习方法至关重要。这就是我为什么对每一种技术都设计了智力挑战的原因。智力挑战的目的是让大家熟悉和练习某种技术,直至成为一种习惯。仅仅阅读这些观点是不够的,一定要把知识变为一种行动上的习惯。㊀

全部完成这些挑战大概需要两年的时间,怎么办?我建议你先选一种挑战练习一两个月。至于选哪一种,就看你最想把哪一种技术变为习惯了。㊁假如你在理解概念时有障碍,

---

㊀ 思维方式也是一种习惯,譬如关于学习的知识非常之多,但是我们阅读、理解是一回事,把这些知识变成指导我们工作的下意识的东西,那就是习惯,而观念则是自己信仰的知识。——译者注

㊁ 我选变为习惯的技术是为什么的技术,本书没有介绍,但是为什么的技术也是很重要的技术,对我来说,看到一段文字,就要问个为什么是一种习惯,为什么?你怎么知道?凭什么说?有什么用?等都是阅读中自然出现的反应。——译者注

那就要练练比喻法；假如你不擅长处理一大堆日期、定义等，那就要练练联想法和挂钩法。

　　整体性学习理论能帮你找到自己学习过程中的薄弱环节。薄弱环节也就是你需要改进的地方，同时也是你需要重点掌握的技术。最终，使技术从一种需要努力应用的工具变成一种自然而然的习惯，而你的学习效率将会大幅度提高。

　　这本书包括了一些练习材料，这些材料涉及书中提到的部分学习技术。你可使用它们，帮助你开始实践之旅。

第三部分

超越整体性学习

高效率的学生

本书一直强调"会得多",整体性学习提高了你学习各种学科的能力,同时也使你对知识的理解更为深刻,整体性学习既可以提高你的成绩也使得实际理解更好,但是它不能帮你大幅度地减少学习时间。掌握整体性学习需要花费数星期,不过减少学习时间方面的好处是长期的。

现在我要着重讲述本书的第二个问题"学得少",成为一名高效率学生或是自学者需要掌握减少花在书本上时间的艺术。我上学时,除了全日制的上课学习,业余时间经营一家企业,每周写大约 7 000 字的文章,健身以及主持一家演讲俱乐部,尽管如此,我仍然有时间和朋友聚会,享受周末的轻松愉快。

以下是成为高效率学生的一些关键点。

(1)能量管理

(2)不要"学习"(Don't study)

(3)绝不拖延时间

(4)批处理

(5)有组织

高效率秘籍1　能量管理

我见过很多能量管理不佳的学生，他们因为过重的任务而将自己搞得精疲力竭，甚至需要借助咖啡因才能勉强工作。要完美地平衡学业和生活不是件容易的事，特别是在你的日程表安排得满满的时候。

我们的身体里都有燃烧细胞，不管是物质上的还是精神上的，你不可能驾着空油箱上路，假如今天透支身体数小时，下周你可能要为此偿还更多的时间，如果你现在常常感到疲劳、压力直至精疲力竭，说明你的能量管理做得不好。

良好的能量管理有两步：

（1）增加你的能量储备。

（2）将你的日程表由线性的改为循环式的。

增加能量储备

能量并非天生的，有很多办法可以帮助我们提高能量值，按照下面的去做吧：

（1）每周有3～5次运动吗？如果你的回答为否，你正在削弱你的潜在能量水平，除非你的医生不让你参加运动，否则最少每天要抽出40分钟来锻炼身体，每天运动一点点，学习效果更明显。

（2）**每晚有七八个小时的睡眠吗？** 有些人睡四五个小时就够了，学习工作劲头十足，不过我想你我又不是这种神人，那么还是老老实实睡到自然醒吧，别想着玩游戏、喝酒、跳舞、玩通宵，熬夜对学习来说有百害而无一利，我看一年中除了过年可以守岁，平时绝不要熬夜。睡得好，脑袋才清醒。

（3）**你吃的是什么？** 你的食谱是高糖、高脂肪、高蛋白质的吗？请放弃它吧，我建议你吃粗纤维和粗加工的食物，这样的食物可以让你一天的血糖水平保持平稳，避免忽高忽低。

（4）**一天之内，你喝几杯水？** 你知道吗？你的身体有2/3都是水分，最快让你丧失能量的办法就是脱水。

（5）**一天你吃几餐？** 如果你的回答是中餐、晚餐以及时不时吃点早餐，那么你的能量有可能不足。理想的饮食应该是少吃多餐，一天吃四五餐，每次吃七分饱，这样可以保证你一天内的营养供应持续稳定，睡前吃一点能让你第二天早上精力充沛。

循环式作息计划

线性的计划是平均安排时间执行工作，而循环式作息计划则先集中小部分时间做大部分工作。这种计划安排能让你做到有张有弛，而不是死气沉沉，像个机器人。下面是一些建议。

（1）**一周休息一天**。我总是抽出一周中的一天，什么事也不做，将 7 天的活放在 6 天里完成，一开始很难，但是放松一天能防止你筋疲力尽。

（2）**晚上不干活儿**。将一天的工作放在早上集中完成，早早完成工作，晚上你就有几小时的空闲了。

（3）**设定 90 分钟**。给定自己 90 分钟，集中精力完成某个学习任务，一旦 90 分钟结束，停止工作。90 分钟的时间设定能让你学习时注意力更集中。

> 💡 **小贴士**
>
> 关于能量管理，最好的一本书是《精力管理：管理精力，而非时间，是高效、健康与快乐的基础》(*The Power of Full Engagement*)。这本书讲得更为深刻，能量分为四大类，书中给出了很多如何增加能量和如何安排工作的建议，推荐每个希望高效率的人士必读。

高效率秘籍2　不要"学习"（Don't study）

我从不"学习"。我会阅读课本，复习笔记，也会做作业和各种练习，但是我从来没有进行所谓的"学习"。如果没有明确自己究竟想达到什么目的，就去不停地"学习"，实在是对宝贵时间资源的浪费。所谓"学习"得多，未必收获得就好。

卡尔·纽坡特（Cal Newport）——《如何在大学里脱颖而出》的作者，宣称自己憎恨"学习"这个词：

"这是一个模糊、容易产生歧义的概念，学习这个词给大多数学生增加了太多的精神压力。他们认为如果不能一直待在图书馆、坐在书桌前沉思苦读，就会有负罪感。于是学生生活变成了一种持久的自我斗争过程——总是试图多'学习'，但总是感到收获少。这就好像总是做出一副吃饭的样子，但是吃下去得不多，消化得不够，吸收得也不好，如此这般学习效果怎么可能好呢？"[⊖]

⊖ Cal Newport : "Studying with Kirstie Alley, Decoding the Quarter System, and Coping with Early Classes", http：//calnewport.com/blog/？p=258.

不用"学习"^㊀这个笼统的容易产生歧义的词，我们只定义学习过程中需要做的那些活动。对我来说，下面这些具体的活动，就是我取得好成绩需要做到的事情。

（1）阅读材料。

（2）完成各项作业和在课堂上做笔记。

（3）应用整体性学习方法处理某些难点。

（4）考试前，针对学习材料做一次笔记流。

我列的清单是最精简的，你可能会列出更多东西，问题的关键不在于我有这么一个清单，而是首先要列出这么一个

㊀ 学习就好比整个食物经过咀嚼、消化、吸收的过程，它不是表面看起来"吃"的动作。人们不可能永远吃个不停，所以学习也不是坐在书桌前越长越好，学习需要挑选要吃的食物（获取信息）、咀嚼（明白阶段）、消化（理解阶段）、吸收（应用阶段）。

学习的定义：学习不是指坐在书桌前12个小时，也不是指每天坚持看书。这些是学习的表象，不是学习的实质。狭义的学习只是发生在学习者脑子里面的变化，所以学习可以表现为各种各样的具体活动，而枯坐在书桌前的苦读可能是最不像样的学习活动了。学习的过程也意味着一系列的具体活动，比如阅读、做作业、记笔记、比喻、写文章、写日记、做练习、搞科研等都是学习，最为关键的是任何一种学习都要坚持深入下去，要寻根问底，打破砂锅问到底，要不断地问自己为什么。做科研是这样，读书也是这样。

尽信书不如无书也是这个道理，看书只是学习的一种形式，就好像做外科手术一样，单纯地看书看1000遍也不如自己动手，你以为动手的过程就不是学习了吗？——译者注

清单。除非把学习需要做的具体活动列出来，否则你可能花费大量的时间在所谓的"学习"表象上，而不是真正地学会了什么。

高效率秘籍3　绝不拖延

如果一项作业完成的日期是下周四，你属于下列哪种人？

A. 尽快完成

B. 在今天至截止日期之间的某个时间，一次完成作业

C. 星期三晚上

D. 星期四早上，上课前 10 分钟

很不幸，我知道大多数学生会选择 C 答案或 D 答案，哪一个答案是最佳选择？不过我也并不认为 A 是最理想的选择，如我所解释，不延迟并不意味着尽量早地完成工作。

最佳答案（在多数情况下）应该是 B，一次性完成作业比分次完成更节省时间。此外，如果你采用周/日目标方法来完成作业，效果会更好。

周/日目标体系

周/日目标体系是我知道的最好的对抗延迟的方法，办法很简单：

1.每周周末，列一个清单，包括所有的任务、作业以及你想在下周完成的读书和学习活动。

除非在一周内出现意想不到的事情，否则你就有责任完成这个清单，不过也不必超过清单所规定的任务。这样做就把无限的工作分割成在一周内可以完成的子任务。如果这一周特别忙碌，你可能会推迟完成任务。如果这一周很清闲，你可能会提前完成任务。

2.每天晚上，检查周计划，列出每日目标清单。

下一步是将每周的工作分配到每一天，你要确保完成每日的工作清单，但是不必超过它。

周/日目标系统有什么好处？

（1）可以缓解你作决策的应激。你只需检查清单，就明白是否完成。

（2）防止你做一项大任务时耽搁不前，依赖每周和每日目标清单，而不是截止日期，你会有时间紧迫感。

（3）帮助分配你的工作量。通过制订计划，你可以将工作适当分配到周和日，不需要考试前熬通宵而前三周一个字不看,你可以细分工作。

 这是我的周/日(W/D)目标体系。

周目标:2月4~10日
- 每周博客更新
- PTB文档
- "Flex"文档
- 网址备份
- 阅读周四ENT案例
- 阅读下一个周四ENT案例

日目标:2008年2月5日
- 课程
- 健身
- 土司马斯(Toastmasters)演讲
- 阅读会计学第5章
- 阅读会计学第5章
- 阅读周四ENT案例

我使用TadaList,这是一个在线程序。每天晚上我都要检查自己的每日目标和每周目标完成情况,以确保最终实现目标。

高效率秘籍4 批处理

批处理的意思就是将那些类似的、散在的工作集中起来一次做完。批处理有助于节省时间,因为你可以集中时间和精力。

在家庭作业和写作之间,我经常使用批处理。我会集中在某个时间把一周需要阅读的材料一次性读完,而抽出另外一个时间连续写三四篇文章。

下面我介绍批处理的一些使用技巧。

（1）工作量。批处理最适用于将那些需要时间不长的零散工作放在一起做。你不能将整个课程都安排在考试前一天批量看完。超过 3 个小时的工作用批处理，效果就不好了。

（2）一次性完成作业。如果一项作业花费的时间不会超过 8 小时，我就坐在凳子上一鼓作气完成它。将一个花 3 小时就可以写完的文章，分成 15 次零散时间内完成，肯定会浪费很多时间，每一次都要花时间重新鼓起写作的激情才能开始正式的写作。

（3）提高注意力阈值。注意力阈值就是指集中完成某项工作的最长时间，超过这个时间，注意力就急剧下降。通过不断接受越来越多的批处理，你可以逐渐提高你的注意力阈值。阈值越高，表示能一次完成的工作量也越大。

小贴士

想进一步了解批处理法？看看这篇文章吧：《批处理：节省时间、减轻压力的 20 个小技巧》。

高效率秘籍5　有组织

有组织并不能让你获得 A，我就知道有些 A+ 的学生组织技能极差，而有些 C 成绩的学生知识管理得很有系统。有组织的确能帮助你更有效率，提高学习能力，但是它并不是万能的。

假如你做事杂乱无序，下面是一些让你变得有组织的关键步骤。

（1）**所有的物品都放在固定的位置**。作业、课外作业以及约会日期都记录在固定的地方。没有固定地方的结果就是混乱。专门找一个地方放东西，这样会更容易放得有序。

（2）**随身携带一个记事本**。每天随时记录，日积月累，必有所获。

（3）**坚持日历和做事清单**。应用做事清单记录任务和目标，使用日历来记录要做的事和截止日期。

虽然有组织不是万能灵药，但是它的确很有帮助，组织技能可以大大提高学习效率，而且能缓解压力。

> **小贴士**
>
> 如果你正在与做事无计划、无组织的恶习作斗争，我建议你阅读 *Zen To Done*，作者 Leo Babauta。这本书集中讨论了有组织中最难的部分，并将这些技能变为习惯。Babauta 创造了一个简单的框架实现做事更有组织性和计划性。

自我教育

不要把整体性学习仅仅用于课堂上，而且要用于你的个人生活中。事实上，我发现积极进行自我教育能提高你的学习能力。闲暇时间能专心研究一门让你感兴趣的课程，本身就是一种莫大的奖赏。

不过，进行自我教育也有很多挑战。自我教育没有学校这种组织，难以找出重点、提供足够的资源和检测你的学习效果。

我从小就积极进行自我教育，自学了电脑编程、网页设计以及写作。我还自学了诸如世界宗教史和进化心理学等课程。从自我教育中，我学会了很多有用的东西，并把它们应用到自己的日常生活中。

我的大多数自我教育都是采取以项目为基础的学习方式，不过还有其他一些办法能帮助你提高自我教育的能力。建立良好的习惯、克服种种学习障碍以及设立适当的学习目标也同样大有裨益。

建立良好的学习习惯

一个正规的学校体系可以很容易帮你形成良好的学习习惯。在课堂上回答问题、阅读课本、参加考试、在课堂上记笔记，所有这些行为并不仅仅是老师帮你建立的，而是在学校这样的环境中由围绕在你周围的数百人影响的结果。

自我教育则很难形成这种良好的习惯，这是角色的不同造成的结果。你想学习的东西一开始并没有什么教学安排给你，假如没有正确的学习习惯，这种自由会变成一种弱点。以下是一些我认为可以提高你学习能力的良好习惯。

1. **每日阅读**

每天坚持阅读是提高理解能力最好的途径之一，我坚持每周至少阅读一本书，每年至少读 50～70 本。书籍不能教会你全部事情，但是它会给你打下坚实的知识基础。随着阅读量的增加，你的视野会更开阔，看问题的角度会更广泛。

2. **每日练习**

通过每天完成项目的工作以及学习技能的练习，你会提高自己对书本知识的理解。练习能为你的学习提供循序渐进的安排，因为练习会对你最初的能力水平予以定位。

3. **每日目标**

单纯的阅读和练习并不够，因为它们目的性不强。通过设置学习目标，并把目标细分为每天要完成的工作，你的学习会更有用，因为你可以整体系统地学习某学科，而不是碎片化地获取知识。

怎样养成每日习惯

习惯的养成是另外一个课题,足以写一本书。我专门为此写过一本电子书。改变习惯并不像想象的那么困难,我在下面列举了一些养成正确习惯的方法,供大家参考。

(1)**坚持某个习惯30天**。比如每天阅读40页坚持一个月,每天练习网页设计一小时。为你接下来的30天设定一个每天都要坚持的学习目标吧,30天的坚持会形成一种习惯。

(2)**坚持下去**。每天坚持以同样的方式完成同样的习惯,今天阅读,明天听讲,后天练习的方式对于养成习惯来说太脱节了。

(3)**享受这个习惯**。假如你不能享受这个习惯,这个习惯就不牢固。用头脑风暴法列举出各种各样可以养成的习惯吧,我想在一大堆想法中找出一个让你享受的习惯(阅读、练习和目标设置)应该不难。

(4)**寻找特殊时段**。我喜欢晨读,因为这对我来说是一段不受打扰、可以专心思考的安静时段。找到属于你的每天特殊时段有助于强化你的习惯。

假如你不知道在哪儿能找到每日阅读或练习的时间，问问你自己为什么有充裕的时间看电视和上网？

> **小贴士**
>
> 如果你想知道更多关于如何改进习惯的知识？可以参阅我写的《习惯的掌握》(*Habitual Mastery*)。如果你还想更加深入了解，请阅读我写的电子书《如何改变一个习惯》(*How to Change a Habit*)。

克服挫折障碍

自我教育和挫折感常常相伴而行，没有老师在旁边指导什么是对的和什么是错的，或者有本指导书告诉你下一步该怎么办。自我教育比上课需要更多的耐心，同时我也发现上课通常如缓慢步行的老者，自我教育则可以快步如飞。

归根结底，克服自我教育过程中的挫折感是动机的问题。如果你对某门课程兴趣强烈，而这门课程又对你非常重要，那么一般的学习上的挫折是无法阻挡你前进的。除了兴趣之外，我还推荐下面一些克服挫折障碍，让自学"飞起来"的方法。

减少挫折障碍的小技巧。

（1）**写下任何障碍**。假如我遇到编程中某个目前无法解决的问题，我会尽量详细地记下问题，详细地记下障碍让我们对问题的思考更容易。

（2）**使用网络**。网络就像无所不知的智者和收藏丰富的图书馆。如果你想不明白某个问题，或者正在苦苦地翻书寻找答案，网络可以助你一臂之力。谷歌、读秀、中国知网（CNKI）都是不错的选择。

（3）**找一本关于"怎么做"的工具书**。有一种书不谈理论，专门告诉你"怎么做"，这对于你打算做什么事情来说是非常有价值的。

（4）**换一个角度试试**。如果理解时碰到一个障碍，试试从一个不同的角度来看问题。花点时间学习其他相关知识，等你学会了很多以后，再回过头看看原来的问题。

设置学习目标

自我教育中可能碰到的最大问题就是缺乏系统安排、没有目标、缺少计划和方向。尽管这种松散的模式容易让你拓展所学的知识，而不是只掌握老师教你那点东西，不过，这也使得自学过程难以坚持长久。没有学校有计划的教学安排，自学需要学习者强大的内在自我约束机制，方能保证自己跨过一个又一个的障碍。

我发现设置一个吸引人的学习目标会给学习者带来强大的学习动力。下面是一些学习目标的例子。

- 每年阅读一定量的书。
- 为一个项目工作，工作的过程也就是学习的过程。
- 在一定的期限之前，必须学会做某件事。比如：学会作曲，完成你的财务报表，或者在6月3日之前学会说拉丁文，等等。

给自己设定完成期限看起来有点不通人情，但是要不然目标会自动完成吗？

不过太多的安排也会限制人的自由，让人喘不过气来（我相信这是大多数人对传统教育的感觉）。太少的安排则可能使学习令人生厌和目标性不强，这样的学习容易陷入自由散漫的状态之中。设定学习目标可以给你恰当的安排，你可以在这之下拓展、探究新的知识，这样的自我教育就不是随意的，而是有组织、有系统、有计划和目的的学习了。

设定学习目标的一些技巧：

（1）**所有的目标都要写下来**。目标没有写下来，就等于没有目标。用一两个句子写下目标，并给它一个截止期限。

（2）**让目标客观化**。学习过程中，你要能很容易判断出是否已经达到了目标。所谓的"学得更多"不是学习目标，因为它不客观，你不知道怎样才算是完成了目标，所以它只能是一种幻想。

（3）**设定有些困难，但是努把力也可以达到的截止期限**。给自己达成目标设定一个期限会迫使你不断地采取行动，而不是拖延不前。假如期限定得太松，就起不到促使你行动的作用；如果期限定得太紧，会让你丧失信心，垂头丧气。

（4）**将目标的完成转化为每日和每周的具体行动**。你的目标应该分解为每日和每周的具体小目标。一个今天就需要立即完成的小目标远比几个月后的大目标更让人坐立不安，焦急万分。

（5）**经常看看你的目标**。至少一周检查一次目标完成的情况。

 **小贴士**

对于设定目标，可以进一步阅读我写的文章《设定目标的九个步骤》。

自我教育小结

自我教育潜力巨大，养成良好的学习习惯和学习方法一开始很困难，但是这些好习惯对于以后方方面面都有益处。

下面是我收集的一些关于自我教育的网上资源。

MIT OpenCourseWare——MIT 提供的网上免费课程。

EHow.com——关于"怎样做"的各种文章。

FreeEd.net——"网上免费教育"。

Portal to Free Online Courses——很多名牌大学在线课程的入口。

第四部分

整体性学习的小结

现在就开始吧

整体性学习不是那种你读一次就能马上掌握的方法，它是一种包含多种技巧的策略选择和运用，所有这些技巧都可以改进你的学习方式。通过亲自试一试、不断练习这些技巧，会给你很多学习上的启示。

从哪儿着手开始应用整体性学习取决于你自己，但是假如你不确定从哪里开始，不妨听听我的建议。

分析你的强项和弱点

在阅读整体性学习策略之后，第一步应该是找到你的优势在什么地方，弱点是什么。有些弱点是可以避免的，有些弱点则需要弥补。

你可能已经明白自己擅长的科目是什么（数学、历史、艺术、科学，等等）。现在你应该花点时间问问自己在应用整体性学习策略中，最困难之处是什么，最不擅长处理哪一类信息。就我来说，我知道自己擅长处理抽象信息和具体信息。我有发达的视觉学习能力，这在本书中也有很多体现。在整体性学习环节中，我最擅长的是拓展阶段，当然通过练习，我在获取和纠错方面的能力也大有提高。

我的弱点是处理随意信息，虽然学习了本书提到的那些工具后，处理随意信息的能力有所改善，但是处理一堆事实、日期或者定义从来都让我头痛不已。知道自己学习上的强项和弱点之后，就可以扬长避短，学习新技术以弥补任何不足。

从智力挑战开始

智力挑战的目的是养成新的习惯，许多新方法一开始用起来都很费时间。练习 2～4 周后，速度和效果会大大提高。最后，你需要根据学习的目标对方法进行适当的改进。

以下是一些重要的技巧。

（1）至少坚持 3 周。可能你想学会本书介绍的很多技术，但是要记住，如果你不坚持 3 周以上的智力挑战练习，很难将新技术变成一种习惯。

（2）一次只做一个。不要试图一次完成几个智力挑战，一次只专注一个。

（3）比喻、内在化和图表法优先。这些是整体性学习中的核心技术，就从它们开始吧！

(4)使用奖励材料。本书附赠有6段专门设计用于练习智力挑战的奖励材料,利用它们会让你更轻松些。

(5)记录下学习的过程。练习智力挑战时,坚持写一句话日记,用一两句话记下你的体会和感受,有助于你坚持下来和解决练习中的各种问题。

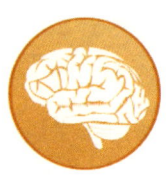

建立良好的学习程序

本书中绝大部分内容都是介绍如何节约学习时间的心智活动。良好的学习方法有良好的学习策略,不过即使学习策略一流,如果你的学习习惯不好,一定也会浪费大量的时间。

下面介绍一些你需要知道的保持高效率的建议。

(1)是每天学一点还是考前抱佛脚?看起来后者节约时间,实际上前者才是高效率。

(2)你的笔记和课本组织得好吗?虽然我喜欢一次学习就搞定它,但是有时候我们还是需要复习,假如学习材料凌乱无序,肯定会浪费时间。材料越有组织,复习起来压力越小。

（3）学习时注意力高度集中，还是左顾右盼、三心二意？我学习时从不听音乐、玩手机或看信息，我总是尽量找一个没有人的地方学习。

（4）怎样变得更有效率是一个专门的问题，在我的网站上有很多讨论，也有很多专门的书讲这个问题，下面我列举了一些网址供大家参考。

高效率网址

ScottHYoung.com　我个人的网站，专门讨论高效率、学习方法和习惯养成。

ZenHabits.net　简单就是高效率。

Lifehack.org　最大的高效率网站之一。

PickTheBrain.com　高效率和动机。

StudyHacks　高效率的学生。

StevePavlina.com　个人发展网站。

高效率书籍

Getting Things Done （David Allen 的经典）

The Power of Full Engagement （能量管理）

Zen To Done （讲述如何做事，强调的是慢慢养成良好的习惯）

How to Be a Straight-A Student & How to Win at College（两本经典之作，帮助你变得高效率，应付各种学习上的挑战，必读之作）

了解你想要的生活

没有任何方法、技巧、技术、诀窍能代替动机、兴趣和热情。学习需要理由，比如考个好成绩或者纯粹想了解知识之类的理由。如果你什么理由也没有，那你最好别去上学了，上学也是纯粹浪费时间。我从来没有说过每门课我都喜欢，但是不喜欢不代表没有理由去学习，因为我至少想拿个好分数。

一直以来，我对学习本身就非常有兴趣。新的知识和学科总是让我着迷，不管上学还是工作以后。这种对学习本身的兴趣对于人的一生来说至关重要，也更容易接受和应用整体性学习策略。

没有人能逼迫你喜欢自己讨厌的东西，没有任何一种策略能促使你学习不想学的东西。如果你仅仅想得到名牌大学的文凭，而不是知识本身吸引你，那么拿到文凭后你该怎样继续学习？

找到你学习的理由，即使理由简单、古怪，也要有一个学习的理由。

古人读书为了光宗耀祖，今人读书为了上大学，找个工作，挣钱养家糊口，这都是学习的理由，但这些都不是最好的理由，最好的理由就是知识本身吸引你不断学习、不断深入下去。

主要概念的小结

好了,在前面近200页的书中,我们介绍了很多内容,现在就做一个小结吧。

整体性学习策略强调将信息编织到知识网络中,而不是给自己加上机械记忆的负担,这个策略的基础有以下几方面。

(1)**结构**——关于某个学科的知识之间联系的总和,它是你大脑中的城市。

(2)**模型**——将信息压缩成最基本的单元,模型是结构的种子。形成模型的方法包括比喻法、内在化和图表法,模型是你的知识道路交通图中主要的几个十字路口。

(3)**高速公路**——不同结构之间的联系,有助于创造性的思考。"跳出盒子之外思考"很好地描述了这种跳出原有结构,从其他结构来观察原有结构的思考方式。

整体性学习有5个步骤,但是并非按部就班,只是大体按此顺序进行,不能拘泥于这种顺序。

(1)**获取**——通过感官获取信息。

（2）**理解**——明白信息的表面意思。

（3）**拓展**——与其他信息建立联系，拓展有三种主要方式。

a）深度拓展——探究知识的背景。

b）横向拓展——探究知识的关系。

c）纵向拓展——与其他结构联系后，从其他结构的角度探究知识。

（4）**纠错**——剔除错误联系。

（5）**应用**——将知识应用到各种情境中去，包括现实生活。

信息的消化吸收类似于食物的消化吸收，不管你吃的是什么，过程是一样的，但是吃的东西可以大不相同。认清不同的信息类型有助于选择不同的学习方法，信息的类型有以下五种。

（1）**随意信息**——事实、日期、列表、规则以及某种顺序。信息特点是没有逻辑分类或相互关系不强。

（2）**观点信息**——信息的唯一目的就是支持或者反对某种观点。容量在这儿是最重要的，而不是能记住。

（3）**过程信息**——它是指某种技能的信息。需要反复练习，但是容易记住。

（4）**具体信息**——容易视觉化的信息，一般是与实际紧密联系的信息，容易有自己的经验。

（5）**抽象信息**——信息不容易有自己的经验。数学、哲学和物理学都是非常抽象的领域。㊀

技术一览

快速阅读

（1）指读法。

（2）练习阅读。

（3）积极阅读，改善边读边学的效率。

笔记流

（1）不要呆板、僵硬、貌似层次分明的笔记。

（2）在写下来的观点之间建立联系。

比喻法

寻找历史中的故事、图像或是过程，它与我们现在学习

㊀ 不过看过《别闹了，费曼先生》，就知道费曼最过人之处就是别人看到的是抽象物理知识，而他看到的是实际生活。——译者注

的东西有某种类似。

内在化

（1）为你正在学习的东西创造脑海中的图像。

（2）在这幅图像上加入其他感官和情感。

（3）寻找图像不适用或不足的地方，防止产生错误的联系。

图表法

创造流程图、概念图或图像，将若干观念联系在一起。

联想法

（1）创造一系列容易视觉化的符号。

（2）在条目之间创造联系，这种联系是可以"看得见的奇特场景"。

（3）在第一个条目和触发物之间建立联系。

挂钩法

与联想法相似，只不过我们是把每一个条目与事先建立好、容易回忆的 0 ~ 12 的视觉符号相联系。

信息压缩

3 种主要形式：

（1）记忆术——压缩若干知识，用一个单词代替。

（2）图像联系——创造一幅能联系若干知识的图像。

（3）笔记压缩法——用寥寥几页纸缩写内容庞大的笔记。

实际应用

寻找将知识用于你日常生活的途径。

模型纠错

经常性地解决各种问题，以发现整体性知识网络中的潜在错误。

以项目为基础的学习

建立一个大约需要 1 ~ 3 个月完成的项目，从而逼迫自己不断学习、实践和解决各种各样的问题。这对自我教育来说是有用的练习,特别是在没有什么知识结构可以指导时。

高效率学生

(1)管理能量。

- 保持体型,健康饮食,不要熬夜。
- 一周休息一天。

(2)不要"学习"。

(3)绝不拖延。

- 建立每周目标和每日目标清单以保持注意力。

(4)将那些类似的、散在的工作集中起来批量完成。

(5)有组织。

- 拥有一个日历和做事清单,永远随身携带一个笔记本。

自我教育

自我教育费用低廉、方便迅速、收益大,但是实行起来也有很多难点。它缺乏系统安排,较传统教育学起来难度更大，提高自学能力的主要办法有以下几种。

（1）养成良好习惯。

（2）克服挫折障碍。

（3）设定学习目标，记录学习过程。

特别感谢

我非常感谢所有参与到整体性学习试验中的人们,你们的辛苦努力帮助我完善了很多观点。我同样要感谢每一位对我的第一本整体性学习书提出宝贵意见的读者,你们宝贵的思想和建议是我写作本书的最大动力。

我还要感谢关注我博客的朋友们,你们给了我持久的鼓励。感谢 Leo Babauta,Cal Newport 和 Gleb Reys 的支持和帮助。我还要感谢 Steve Pavlina,Ben Casnocha,Tim Ferriss 和 Brad Bollenbach 的伟大思想。限于篇幅,还有太多太多的人就在此一并感谢,不再一一罗列。

尤其要感谢 Marian,Douglas 和 Megan Young,你们的教诲让我终生受益。

斯科特·H.扬系列作品

1年完成MIT4年33门课程的超级学神

ISBN: 978-7-111-59558-8

ISBN: 978-7-111-44400-8

ISBN: 978-7-111-52920-0

ISBN: 978-7-111-52919-4

ISBN: 978-7-111-52094-8